Jonathan M. Albrecht

Die 6 Säulen der dunklen Psychologie

Wie Sie mit den bewährten Powermethoden zum absoluten Meister der Psychologie, Manipulation und Gedankenkontrolle durch NLP werden (inkl. Übungen und Workbook)

INHALT

Vorwort

Dunkle Psychologie, damit verbinden wir im Allgemeinen Dinge, die wir aus Filmen und Romanen und auch aus den täglichen Nachrichten aus aller Welt kennen. Ja, klar, die dunkle Psychologie findet man in internationalen Machtinteressen in Politik und Wirtschaft oder auch in den Strukturen krimineller Organisationen und totalitärer Staaten. Jeder hat schon von diesen zum Teil miteinander vernetzten Strukturen gehört. Und fast jeder glaubt, dies alles schon längst durchschaut zu haben.

Dunkle Psychologie, das hört sich gruselig und gefährlich an, und das ist sie auch. Aber wo ist sie überall zu finden und wie wirkt sie auf uns ganz persönlich im Alltag? Ja, Sie haben richtig gelesen: im Alltag. Die dunkle Psychologie durchzieht unser ganzes Leben, und das meist sogar unbemerkt. Es fängt im Kleinen an, in unserem persönlichen Umfeld, im eigenen Privatleben. In manchen Fällen treffen wir einfach auf Menschen, die die betreffenden Verhaltensmuster aufgrund psychischer Erkrankungen aufweisen.

Oftmals wollen unsere Mitmenschen aber ganz bewusst Macht auf uns ausüben, um ihre eigenen Interessen durchzusetzen. Nun denken Sie vielleicht: „Das ist aber hinterhältig und gemein!" Ja, das ist es. Und ganz egal, ob Ihr Gegenüber psychisch krank oder egoistisch und machtgierig ist, Sie müssen sich dagegen schützen und sich zur Wehr setzen.

Nicht nur im Privatbereich stoßen wir aber immer wieder auf Menschen, die mithilfe dunkler Psychologie auf uns einwirken. Auch in vielen anderen Situationen des Alltags sind wir diesen Methoden ausgesetzt - zum Beispiel am Arbeitsplatz, bei der Organisation unseres täglichen Lebens, durch Nachrichten, Werbung, soziale Medien und vieles mehr. Ein Teil dieses Buches besteht deshalb darin, Ihnen aufzuzeigen, wo und inwieweit die dunkle Psychologie Ihr Leben beeinflusst bzw. es beeinflussen möchte. Stellen Sie sich vor: Ihr Leben ist wie ein leckeres Brot, worauf Sie großen Appetit haben und worauf Sie auch ein Anrecht besitzen. Von außen sieht der Brotlaib auch noch gut aus. Sie freuen sich darauf, ihn zu genießen. Aber als Sie ihn anschneiden, stellen Sie fest, dass die Fäden eines Schimmelpilzes Ihr schönes Brot durchziehen und es ungenießbar machen.

Sie sind darüber sehr traurig - wiederum zu Recht. So ist die dunkle Psychologie - wie ein Schimmelpilz durchzieht sie unser Leben, verdirbt es uns und macht es uns zum Teil unerträglich. Personen, die bewusst oder unbewusst diese Methoden ausüben, wollen ihre persönlichen Interessen um jeden Preis durchsetzen, auch wenn sie dadurch die Interessen anderer missachten und unser Leben wie das schöne Brot zerstören. Das Brot müssen Sie wegwerfen, und Sie können es auch wegwerfen. Ihr Leben können und dürfen Sie jedoch nicht wegwerfen. Es ist einmalig, etwas Wunderbares und gehört nur Ihnen. Sie haben das Recht darauf, es zu leben, und zwar so, wie Sie es wollen und nicht wie andere es Ihnen mithilfe der dunklen Psychologie auferlegen.

Dieses Buch zeigt nicht nur auf, wie Sie dunkle Psychologie und die Menschen, die sie anwenden, in Ihrem Alltag erkennen können, sondern auch, wie Sie sich davor schützen und davon befreien. Sie erfahren, wie Sie dem zerstörerischen Vorgehen Paroli bieten und sich dagegen innerlich stärken, um sich nicht länger von dunkler Psychologie beeinflussen zu lassen. Im Kampf gegen die dunkle Psychologie gilt die alte Regel: „Gefahr erkannt, Gefahr gebannt."

Wenn Sie wissen, wer Ihnen auf welche Art übel mitspielt oder es versucht, dann können Sie sich aus diesen Fängen befreien. Darüber hinaus müssen Sie auch sich selbst kennen, um sich optimal wappnen zu können. Diverse Erklärungen und Übungen in diesem Ratgeber helfen Ihnen dabei. Lassen Sie sich nicht länger vor den Interessenkarren anderer spannen, sondern werden Sie stark, unabhängig und endlich wieder glücklich.

Überblick: Was bedeutet „dunkle Psychologie"?

Lassen Sie uns als Erstes einmal kurz auf den Begriff „Psychologie" zu sprechen kommen. Psychologie ist im Ursprung eine Wissenschaft - die Wissenschaft von der Psyche und ihren Strukturen, aber natürlich auch von ihren Erkrankungen und deren Heilung. Daher kann man Psychologie im Allgemeinen weder als dunkel noch als hell bezeichnen.

Wie jede Wissenschaft kann Psychologie aber zu positiven oder negativen Zwecken genutzt werden. Es kommt immer auf den Menschen bzw. auf die Instanz an, die dahintersteht. Es ist ähnlich, wie zum Beispiel mit Strom - man kann damit ein leckeres Essen kochen oder aber jemandem auf dem elektrischen Stuhl das Leben nehmen.

Fernab von dem guten Zweck der Psychologie gibt es **Menschen, die deren Erkenntnisse zu egoistischen Zwecken verwenden und sie ausnutzen, um Macht über andere Menschen zu bekommen**. Mit vielfältigen Wegen versuchen sie, ihre Ziele zu erreichen und Menschen für sich und die eigenen Interessen zu vereinnahmen.

Ein gewissenhafter Mensch nutzt seine Möglichkeiten, um Gutes zu tun, doch ein egoistischer, machtbesessener Mensch sinnt darauf, all seine Möglichkeiten und Kenntnisse für seine Ziele einzusetzen, die häufig andere Personen schädigen. Die Gründe hierfür können vielfältig sein.

Oft geht es um Geld, manchmal aber auch darum, jemanden emotional unter Kontrolle zu bringen, um ihn an sich zu binden, Druck auf ihn auszuüben und/oder ihn auf verschiedene Arten bzw. in verschiedenen Bereichen des Lebens für die eigenen Ziele einzusetzen. Dieses Verhalten, wenn es erkannt wird, empfinden wir als unangenehm und gemein, wir fühlen uns psychologisch ausgetrickst und erpresst. Das Vorgehen wird dann „dunkle Psychologie" genannt - also Psychologie, die dunklen und egoistischen Zwecken dient und uns gegen unseren Willen beeinflusst. Manchmal merken wir aber auch gar nicht, dass wir unter dem Einfluss dunkler Psychologie stehen, sondern fühlen nur unbewusst, dass etwas nicht stimmt und dass jemand irgendwie Macht über uns hat.

Wir haben den Eindruck, als ob eine Person uns tanzen wie eine Marionette lässt, ohne dass wir uns das wirklich erklären können und ohne dass wir uns aus eigener Kraft daraus befreien können. Dabei liegt die Kraft dazu allein in uns selbst - Sie selbst können sich von den Strippen befreien, an denen Sie herumgezogen werden. Doch dazu später.

Wir kommen uns als Marionette hilflos vor und in unserer Verzweiflung und Niedergeschlagenheit erkennen wir nicht, was da eigentlich mit uns geschieht bzw. was wir mit uns geschehen lassen. Besonders, wenn so etwas im direkten sozialen Umfeld passiert, kommen wir uns vor wie in einem bösen Traum, aus dem wir nicht mehr erwachen können. Man kann diese Situation auch als toxisch - also giftig - bezeichnen, denn sie vergiftet unser Inneres, unsere Psyche, unsere Lebensfreude, unsere Selbstachtung und sogar unsere körperliche Gesundheit. Tatsächlich werden Menschen, die dunkle Psychologie anwenden, auch als toxische Menschen bezeichnet.

Es kann sein, dass das „giftige" Verhalten durch eine psychische Erkrankung wie zum Beispiel Narzissmus, Eifersuchtswahn, Borderline oder Ähnliches hervorgerufen wird und dass der Ausübende insofern eigentlich selbst gar nichts dafür kann. Oft merkt er nicht einmal, was er da tut, weil seine psychische Störung seine Wahrnehmung für das eigene Verhalten, das von anderen und für die Realität im Allgemeinen verzerrt. Bei denjenigen, die es (zeitweise) merken, ist es sogar möglich, dass sie selbst stark unter ihrem Verhalten leiden und große Schuldgefühle gegenüber ihren Mitmenschen empfinden (allerdings nur bis zum nächsten Ausbruch des toxischen Verhaltens).

Das ändert aber nichts an dem schädlichen Einfluss, der auf die Mitmenschen entsteht. Es gibt aber auch Menschen, die „einfach so" toxisch sind, weil es ihnen Spaß macht, sie gern im Mittelpunkt stehen und nur sich selbst und ihr eigenes Vorankommen im Kopf haben. Umgangssprachlich bezeichnet man solche Personen auch als narzisstisch, obwohl Narzissmus eigentlich eine psychologisch definierte Persönlichkeitsstörung ist. Sie setzen ganz bewusst und ohne Rücksicht auf Verluste nicht nur die sprichwörtlichen Ellenbogen ein, sondern manipulieren, wo sie nur können, um sich das eigene Leben so angenehm wie möglich zu machen.

Wir treffen auf solche Menschen, wenn wir Pech haben, **in unserem** allernächsten **Umfeld**, in der **Partnerschaft, der Familie oder im Freundeskreis, bei der Arbeit oder auch in der Nachbarschaft**. Wenn wir unter unseren persönlichen oder kollegialen Kontakten keine toxischen Menschen haben, dann ist das ein großes Glück. Aber trotzdem sind wir dann nicht frei von dunkler Psychologie. **Bei genauem Hinsehen merken wir, dass wir überall in unserer Gesellschaft psychologisch ausgetrickst und beeinflusst werden bzw. werden sollen, um für fremde Interessen und Ziele vereinnahmt und ausgenutzt zu werden.**

In diesem Zusammenhang geht es vor allem um Geld, Prestige, Macht sowie wirtschaftliche und politische Interessen. Unsere Wirtschaftsgesellschaft hat sich die Erkenntnisse aus der Psychologie zu eigen gemacht und kann nun geschickt von außen Einfluss auf unsere Psyche nehmen. Wie es uns dabei geht, ist den Mächtigen gleichgültig, solange wir nur funktionieren und sie an den Strippen ziehen können, um uns zu ihrer Freude tanzen zu lassen. Aber eigentlich soll doch die Seele im Ursprung gut sein und eigentlich legen laut ursprünglicher psychologischer Erkenntnisse nur psychisch gestörte Menschen ein solches Fehlverhalten an den Tag. Die heile Seele, die dem Guten dient, würde so etwas doch nicht tun. Also wäre der Umkehrschluss, dass unsere ganze Gesellschaft als solches psychisch gestört ist und auf der Basis von Fehlverhalten funktioniert.

Das würde aber wohl ein wenig zu weit gehen. Naheliegender ist die Vermutung, dass doch nicht jede Seele so gut ist, sondern dass es wahrhaft dunkle Exemplare gibt. Wie gesagt, ist das nur eine Vermutung und kann nicht wissenschaftlich belegt werden. Sicher ist aber, dass Menschen durch ihr Umfeld und ihre Erfahrungen geprägt werden.

Nicht jeder, aber viele schauen sich die Verhaltensweisen ihrer Mitmenschen ab und übernehmen „normales" Benehmen in das eigene Repertoire. Das kann etwas Gutes sein, wenn die Einflüsse gut, gerecht und respektvoll gegenüber allem Leben sind. Es kann aber auch schlecht sein, wenn die Menschen im persönlichen Umfeld und/oder die Gesellschaft dunkle Psychologie anwenden bzw. einen respektlosen, egoistischen Lebensstil vorleben. Menschen, die hiervon beeinflusst werden, übernehmen das schädliche Verhalten unbewusst oder bewusst, weil sie es entweder für richtig halten (da es ja alle so machen) oder weil sie Angst haben, selbst durch die Maschen des gesellschaftlichen Schüttelsiebs zu fallen, wenn sie nicht egoistisch und respektlos sind. Diese Personen wissen es nicht besser, aber das macht ihr Verhalten auch nicht richtiger. Es würde viel Energie kosten, wenn wir versuchen würden, diesen Menschen zu erklären, warum und wie sie ihr Verhalten ändern sollten. Und sehr wahrscheinlich würde es nichts bringen. Deshalb ist es sehr viel wirksamer, wenn Sie an sich selbst arbeiten, um sich aus den Fängen der dunklen Psychologie bzw. ihrer Anwender zu befreien.

Es soll daher in diesem Buch allein darum gehen, dass Sie verstehen, was durch dunkle Psychologie mit Ihnen geschieht und auf welche Art Sie dieses schädliche Wirken von sich abprallen lassen können. Schwierig wird dies insbesondere, da Sie oft erst merken, dass jemand dunkle Psychologie bei Ihnen anwendet, wenn Sie bereits unter dem Einfluss stehen. Denn besonders im privaten Bereich wirken toxische Menschen häufig zunächst sehr freundlich, liebenswert und vertrauenswürdig. Sie scheinen sich gut zu verstehen, die Person hört Ihnen zu und ist für Sie da.

Doch nach Kurzem zeigt sich das wahre Gesicht und der toxische Mensch spielt das Vertrauen, das Sie in ihn haben bzw. hatten, gegen Sie aus. Er kennt nun Ihre Schwachstellen, Ihre Probleme, Ihre Ängste und Ihre Sehnsüchte. Das alles kann er nutzen, um Sie unter seine Kontrolle zu bringen und/oder sich einen Vorteil zu verschaffen. Auch die dunkle Psychologie in der Gesellschaft arbeitet mit Ängsten und Sehnsüchten, nur die Auswirkungen sind für Sie meist weniger direkt spürbar. Sie fühlen sich zwar eingeengt oder gelenkt, aber leiden nicht in dem Maße emotional, wie Sie es zum Beispiel in einer Beziehung zu einem toxischen Menschen tun. In jedem Fall ist eine Eigenschaft am Werk, die Sie bei einer egoistischen Person wohl am allerwenigsten vermuten würden - Empathie.

Als **Empathie** bezeichnet man **die Fähigkeit, sich in andere einfühlen zu können, und sie ist die Voraussetzung für ein gutes, fürsorgliches soziales Miteinander.** Diese Eigenschaft ist aber leider nicht auf gute Menschen beschränkt. Toxische Menschen besitzen teilweise ebenfalls Empathie, nur nutzen sie diese anders. Sie können erkennen, wie es einer Person geht, was sie sich wünscht, wovor sie Angst hat und was sie verletzt, aber sie fühlen nicht mit ihr.

Sie gewinnen auf diese Art lediglich das nötige „Material“, um andere Menschen zu kontrollieren und für ihre eigenen Zwecke auszunutzen. Im Verlauf des Buches erfahren Sie hierüber noch mehr. Jetzt möchte ich der Frage auf den Grund gehen, wann der Einfluss der dunklen Psychologie im Leben beginnt. Wenn Sie dies lesen, sind Sie bereits erwachsen und können sich nicht erklären, wie es sein kann, dass Sie als mündiger Mensch manipuliert werden können.

Tatsächlich beginnt das alles nicht im Erwachsenenalter, sondern bereits in der Kindheit. Diese Erkenntnis schockiert Sie jetzt vielleicht, da die Kindheit doch eigentlich eine schöne, unbeschwerte, behütete Zeit sein soll. Sie ist aber leider auch die Phase, in der wir zum ersten Mal in Kontakt mit dunkler Psychologie kommen. Und da man als Kind besonders leicht zu prägen ist, waren diese Erfahrungen so nachhaltig, dass Sie auch als erwachsener Mensch leichter unter derartige schädliche Einflüsse geraten.

Nicht bei jedem ist das zum Glück so - nicht alle hatten in der Kindheit Erfahrungen mit dunkler Psychologie, zumindest nicht im direkten Umfeld, und nicht bei jedem hat sie gewirkt. Aber bei den meisten von uns hat sie mehr oder weniger tiefe Spuren hinterlassen. Fast jedem, der sich an seine Kindheit und Jugend in Elternhaus und Schule erinnert, fallen doch folgende Formulierungen ein, mit denen man von Anfang an gelenkt und geformt wurde, um im späteren Leben gesellschaftskonform und widerspruchslos zu funktionieren:

- ***Wenn du dies nicht tust, passiert das und das.***
- ***Wehe, du machst das (nicht).***
- ***Mach das nicht noch einmal, sonst...***
- ***Benimm dich, was sollen die Leute denken.***
- ***Zieh dich ordentlich an, wie siehst du denn schon wieder aus.***
- ***Wenn du dich das nicht traust, bist du ein Feigling.***
- ***Versage bloß nicht in der Schule, bleib bloß nicht hängen, sonst bekommst du später keinen Job.***
- ***Mach uns keine Schande.***
- ***Wenn du nicht artig bist, bekommst du nichts vom Weihnachtsmann.***
- ***Wenn du zu Hause und in der Schule weiter solche Schwierigkeiten machst,***

schicken wir dich aufs Internat.

- ***Solange du die Füße unter unseren Tisch steckst, tust du das, was wir dir sagen.***

Diese Liste ließe sich noch beliebig lang fortsetzen. Jeder kann sich hier nun zusätzlich noch seine persönlichen Sätze dazu denken. Wer in seiner Kindheit und Jugend nie einen dieser Sätze oder einen ähnlichen gehört hat, ist ein wirklich glücklicher Mensch. Er wird sich auch im Erwachsenenalter nicht so leicht für die Ziele anderer einsetzen lassen. Aber wer kann das schon von sich behaupten?

Wahrscheinlich fragen Sie sich jetzt, warum Eltern und Lehrer so etwas sagen. Das ist doch seelische Grausamkeit. In den meisten Fällen ist es, insbesondere von Eltern, wirklich nur gut gemeint. Sie wollen ihren Kindern nicht schaden, sondern nur das Beste für sie. Sie denken, dass es nötig ist, auf diese Art Einfluss auf die Entwicklung ihrer Sprösslinge zu nehmen, damit diese möglichst wenige Schwierigkeiten im Leben haben. Sie haben es selbst nicht anders gelernt und so geben sie es weiter. Wird diese Kette nicht unterbrochen, geschieht dies von Generation zu Generation immer wieder.

Die Triebfeder dafür ist oftmals Existenzangst bzw. die Angst, von der Gesellschaft aussortiert zu werden, wenn man sich nicht richtig einfügt. Diese Angst ist durchaus berechtigt, denn wer nicht in die Norm passt, steht häufig als Außenseiter am Rande und wird in vielerlei Hinsicht benachteiligt. Das ist aber nicht der Fehler der „Außenseiter“, sondern der Gesellschaft. Soll man nun einen Fehler immer weiter machen, nur um bloß kein Risiko einzugehen? Nein, denn genau darin besteht das Risiko. Nur, indem die Angst vor dem Anderssein weitergegeben wird, können Menschen aufgrund ihres Andersseins benachteiligt werden. Und nur durch die Angst ist es möglich, dass wir für fremde Interessen ausgenutzt werden, anstatt selbstbewusst und selbstbestimmt durchs Leben zu gehen.

Fangen Sie daher bei sich mit der Veränderung an und geben Sie sie an Ihre Kinder weiter, damit diese sie wiederum an ihre Kinder vermitteln und so weiter. Durchbrechen Sie die Kette, setzen Sie Ihren Instinkt und Ihren Verstand ein und lassen Sie sich nicht länger von anderen Menschen manipulieren.

Immer, wenn Sie sich bei einer Sache irgendwie unwohl fühlen, ein Gefühl von Druck oder unguter Anspannung verspüren, werden Sie wahrscheinlich gerade mal wieder psychologisch ausgetrickst und in eine Situation gedrängt, in der Sie sich selbst nicht befinden wollen. Es gilt, wachsam zu sein, innerlich stark zu werden und Methoden zu erlernen, wie Sie mit dem Gegner umgehen können. Alles Notwendige dafür erfahren Sie in den folgenden Kapiteln.

Im engsten Kreis fängt es an – Manipulation im Privatbereich

KINDHEIT UND JUGEND IN ELTERNHAUS UND FAMILIE

Wie schon im ersten Kapitel erwähnt, ist man zumeist bereits seit frühester Kindheit durch unbewusstes oder auch bewusstes Verhalten im Elternhaus und im familiären Umfeld Vorgängen ausgesetzt, die vermuten lassen, dass hier dunkle Psychologie im Spiel ist.

Alle mögen es angeblich oder tatsächlich nur gut meinen und es einfach Erziehung nennen, dennoch stecken Aspekte dunkler Psychologie darin, die uns schon sehr früh lehren, dass man mit uns machen kann, was man will, auch wenn es nicht zu unserem Besten ist und nur dazu dient, sich dem Willen anderer unterzuordnen, zu welchen Zwecken auch immer. Was passiert aber nun wirklich, wenn solche Einflüsse auf ein Kind einwirken?

Unbewusste erste Einflüsse

Es beginnt tatsächlich schon im Mutterleib. Die Forschung hat herausgefunden, dass das ungeborene Kind während seines Heranwachsens im Bauch der Mutter viel mehr Eindrücke aufnimmt, als lange vermutet wurde. Das Lernen in diesem Stadium der Entwicklung hat eine immense Bedeutung für unser ganzes späteres Leben.

So wird in dieser Phase zum Beispiel die Basis für Vertrauen, Liebe und das Sich-angenommen-Fühlen gelegt. **Das Kind im Mutterleib spürt, ob es erwünscht ist oder nicht. Es merkt, ob es Zuwendung bekommt und ob sich die Eltern freuen. Es merkt aber auch, wenn es (im schlimmsten Fall) gar nicht erwünscht ist.** Das Ungeborene spürt, ob die Eltern bzw. die Mutter es als Problem empfinden, über die kleinen und großen Schwierigkeiten der Schwangerschaft stöhnen, sich leise oder laut beklagen und vielleicht schon mit ihm schimpfen und ihm Vorhaltungen machen, weil das Leben nun Einschränkungen mit sich bringt. Manche Eltern können es nicht besser, andere wollen es vielleicht auch nicht besser. **Das ungeborene Kind spürt und lernt in diesen Fällen, dass es irgendwie eine Last zu sein scheint, wird unbewusst Ängste entwickeln und kommt dann eventuell schon mit dem Gefühl zur Welt, dass es nun um jeden Preis den Eltern gefallen muss, um bei ihnen bleiben zu dürfen.**

Das ungeborene Baby merkt aber nicht nur, wie die Eltern zu ihm stehen, sondern auch, wie sie auf äußere Gegebenheiten reagieren. Natürlich kann es nicht sehen, was draußen passiert, aber **es hört Stimmen und Geräusche und spürt, wie die Mutter darauf reagiert.** So verbindet es bestimmte Situationen oder auch Wörter (ohne deren Inhalt zu kennen) zum Beispiel mit Angst, Wut, Freude, Stress oder Kummer. Bewusst nimmt das kindliche Gehirn dies alles noch nicht auf, da es hierfür nicht ausreichend entwickelt ist.

All diese Wahrnehmungen finden nur unbewusst auf emotionaler Ebene bzw. auf Seelenebene statt. Das heißt aber auch, dass sie umso tiefer eingespeichert werden und kaum jemals zu bearbeiten sind. Nur wenn diese Basis wirklich intakt ist, kann von Anfang an eine positive Entwicklung im Sinne eines gesunden Selbstbewusstseins und geistiger, seelischer sowie körperlicher Gesundheit stattfinden.

Viele Eltern wissen gar nicht, dass sie so früh bereits einen Schaden bei ihrem Kind anrichten können. Gehen wir hier mal davon aus, dass das Kind erwünscht ist und die Eltern einfach nicht wissen, wie es besser geht. Da sie selbst meist unter einem mehr oder weniger großen Einfluss dunkler Psychologie stehen, reichen sie diesen schon sehr früh weiter. So früh, dass er nicht bewusst verarbeitet werden kann und sich insofern unweigerlich im Gehirn des Kindes abspeichert. Es gibt natürlich auch Eltern, die schon in dieser Phase alles richtig machen, weil sie sich selbst bereits von negativen Einflüssen freigemacht haben und ein selbstbestimmtes Leben führen.

Auch im weiteren Verlauf des Heranwachsens ihres Kindes sorgen sie durch ihr richtiges Verhalten dafür, dass sich ihr Sprössling zu einem selbstbestimmten, selbstbewussten Menschen entwickelt, der seinen eigenen Weg geht und sich nicht darum kümmert, ob andere das gut finden oder nicht. Aber um diese Kinder geht es an dieser Stelle nicht. Die meisten Kinder lernen schon früh, sich dem Willen der Erwachsenen oder vielleicht auch der Geschwister unterzuordnen, Regeln ohne Hinterfragen zu befolgen, sich anzupassen und zu funktionieren, damit im späteren Leben alles im Sinne einer gesellschaftskonformen Karriere klappt.

Die wohlmeinenden Eltern

Es geht bei der Erziehung meistens gar nicht darum, dass das Kind ein eigenes Selbst entwickeln und verwirklichen kann. Der Sinn des Heranwachsens ist oft vielmehr, ein Bestandteil der Herde zu werden, der alles frisst, was ihm vorgeworfen wird, und als Rädchen im Getriebe unserer auf Geld und Erfolg ausgerichteten Wirtschaftsgesellschaft nichts mehr hinterfragt.

Wie schon gesagt, meinen die meisten Eltern diese „Erziehung“ keineswegs böse, sondern wollen nur mit den möglichen Mitteln ihre Kinder dazu bringen, später auf der Erfolgsleiter so weit wie möglich nach oben zu klettern und bloß (wie sie selbst auch) nicht durch unnötige Fragen und Auffälligkeiten mit unserer Gesellschaft in Konflikt zu geraten. Diese Eltern haben selbst die Existenzangst tief verinnerlicht. Sie haben aufgehört, über ein selbstbestimmtes Leben nachzudenken oder daran zu arbeiten. Für sie ist es selbstverständlich, dass „man eben soundso sein muss, um es zu etwas zu bringen“.

Insofern ist es auch selbstverständlich für sie, ihre Kinder dementsprechend zu erziehen. Da kleine Kinder aber eigentlich noch ein starkes Selbst haben und sich insofern oft anders verhalten, als die Eltern es im Sinne des gesellschaftskonformen Heranwachsens für richtig halten, wird leider schon in dieser frühen Phase des Lebens, zu Hause, wo wir uns am sichersten und geborgen fühlen und nur Nestwärme spüren sollten, mit den Mitteln dunkler Psychologie auf uns eingewirkt.

Die meisten von uns können sich noch gut an ihre Kindheit erinnern und sehen noch die strengen Blicke, wenn wir mal wieder nicht so funktioniert haben, wie wir es sollten. Wir erinnern uns an Strafen und tadelnde Worte, hören und spüren sie heute noch als gegenwärtig. Noch immer verunsichern uns das Schimpfen und die Maßregelungen unserer Eltern, noch immer verhalten wir uns so, wie wir es dadurch gelernt haben, und übertragen die Erfahrungen der Kindheit auf Situationen unseres Erwachsenenlebens.

Nicht nur, dass wir in bestimmter Hinsicht, wie zum Beispiel bezüglich der Kleidung, eines „angemessenen“ Benehmens oder des Strebens nach Erfolg, auf eine Weise funktionieren, die uns durch dunkle Psychologie eingetrichtert wurde. Nein, darüber hinaus fehlt es uns auch an Selbstachtung und Selbstsicherheit, denn diese entwickeln sich im Wesentlichen in der Kindheit - und zwar, indem die Eltern und andere nahestehende Personen uns als Individuum anerkennen, uns Raum zur freien Entfaltung geben und uns zeigen, dass sie uns so lieben, wie wir von innen heraus sind.

Wurden wir gemaßregelt und gemäß allgemeiner Normen geformt, haben wir eingespeichert, dass unser eigenes Selbst nichts wert ist, und so sind wir - wenn wir nichts an unserer Einstellung ändern - lebenslang diejenigen, mit denen man immer wieder alles machen kann. Nicht wenige von uns werden sogar in dem Maße beeinflusst worden sein, dass sie beruflich und/oder privat eine Richtung eingeschlagen haben, die sie aus sich selbst heraus nie gewollt hätten. So kommt es dann, dass wir vermeintlich alles erreicht haben und doch unglücklich sind, oder dass wir immer wieder Probleme haben, nicht weiterkommen und uns sinnlos auspowern - alles, um den Ansprüchen unserer Eltern und der Gesellschaft gerecht zu werden.

Dunkle Psychologie in der Kindheit und Jugend kann also das Leben, wie wir es uns gewünscht haben, regelrecht „im Keim ersticken“. Zwar kann man auch im späteren Alter immer noch ausbrechen und sein eigenes Ding machen, aber es ist dann schon viel wertvolle Lebenszeit verloren und oftmals schafft man es auch nicht, weil gerade die notwendige Zutat dafür fehlt - das Selbstbewusstsein.

Wird man sich darüber klar, in welcher Situation man steckt und dass diese bereits in der Kindheit verursacht wurde, fühlt man sich erst einmal noch schlechter. Man zweifelt alles an, insbesondere auch die Liebe der Eltern - denn wie konnten diese so etwas tun, wenn nicht aus Missachtung? Dass die Eltern es nur gut gemeint haben, kommt den wenigsten in den Sinn, schließlich hätte man als Eltern doch wissen müssen, was gut ist und was nicht. Haben sie aber nicht, und sich darüber den Kopf zu zerbrechen, bringt leider auch nichts. Es hilft nur, mit der Vergangenheit abzuschließen und ab jetzt für sich selbst und ggf. die eigenen Kinder alles besser zu machen. Die Zeiten des Stubenarrests, des Taschengeldentzugs und der Standpauken sind vorbei und wir stecken schon längst nicht mehr die Füße unter den elterlichen Tisch. Kein Grund also, weiterhin brav zu sein, um wieder Liebe und Zuwendung zu erfahren. So mancher mag jetzt allerdings anmerken, dass die Zeiten der kritischen Blicke und Standpauken doch nicht der Vergangenheit angehören. Viele von uns haben das Glück, dass ihre Eltern, Onkel, Tanten und vielleicht sogar Großeltern noch leben.

Das ist sehr schön. Aber hier sei eine humorvolle Bemerkung erlaubt: Gleichgültig, ob wir immer noch nicht wirklich wir selbst sind oder es doch schon irgendwie geworden sind, wir müssen doch mal ehrlich zugeben, dass Familientreffen immer wieder aufs Neue eine echte Herausforderung sind, auch für den erstarkten Geist und die erstarkte Seele. Sie sind eine gute Möglichkeit, um unser Selbstbewusstsein zu überprüfen und wachsen zu lassen, allerdings auch ein Drahtseilakt. Nett zu bleiben und trotzdem man selbst zu sein, ist die Devise – im Gegensatz zur Kindheit, in der man für die Eltern ja nur nett war, wenn man versucht hat, ihr Ebenbild zu werden. Spaß beiseite, wir haben in diesem ersten Teil des Kapitels nur von den Eltern gesprochen, die es wohl nicht besser hinbekommen haben, aber es sicher gern besser gemacht hätten. Es ist ihnen zu verzeihen, denn sie sind selbst die Opfer unserer Gesellschaft.

Misshandlung und seelische Grausamkeit

Aber es gibt leider auch sehr, sehr negative Beispiele für Eltern und Familienangehörige, die es ganz und gar nicht gut meinen.

Unter ihren **Verhaltensweisen** findet man zum **Beispiel Androhung oder Ausübung körperlicher oder seelischer Gewalt, körperliche oder emotionale Misshandlung, sexuellen Missbrauch, lebensgefährdendes Verhalten oder sogar Totschlag.** Menschen mit einem solchen Verhalten haben in der Nähe von Kindern nichts zu suchen und gehören **dringend** in eine **Therapie**. Ganz gleich, aus welchen Gründen sie diese „Methoden“ anwenden, **hierfür gibt es keinerlei Entschuldigung. Es gilt in solchen Fällen, die Kinder bzw. Jugendlichen zu schützen, und daher muss hier von außen eingegriffen werden.**

Wir hören von solchen Fällen meistens in den Nachrichten, wenn es besonders schlimm ist. Die wenigsten von uns kennen so etwas persönlich, wenn wir nicht gerade Pädagogen oder Psychotherapeuten sind. Es würde an dieser Stelle zu weit gehen, die Strukturen der Psyche dieser Menschen zu analysieren. Das ist ein komplexes, ganz eigenes Thema. Wir können aber den Kindern, die in ihrer Familie unter derartigen Umständen leiden mussten, auf andere Art helfen.

Wir können sie in anderen Bereichen des Lebens auffangen, ihnen Stabilität und Selbstbewusstsein geben, sofern wir ihnen begegnen. Das haben sie bitter nötig, denn von den nächsten Angehörigen auf eine solche Weise behandelt zu werden, hinterlässt tiefe Narben in der Seele. Neben einer Therapie benötigen sie ein liebevolles Umfeld, das ihnen vermittelt, dass sie wertvolle Menschen sind – denn oftmals speichert sich die Misshandlung wie eine eigene Unzulänglichkeit ab.

Diese Kinder denken, dass sie es nicht besser verdient hätten, als erniedrigt zu werden. In vielen Fällen entstehen daraus schwerwiegende psychische Störungen wie Depressionen, Angststörungen, posttraumatisches Belastungssyndrom oder auch das bereits oben erwähnte Borderline-Syndrom. Manche Störungen können dazu führen, dass die Betroffenen im späteren Leben selbst zu toxischen Menschen werden. Hier zeigt sich, dass es unter den sich schädigend verhaltenden Menschen tatsächlich solche gibt, die selbst eigentlich Opfer eines solchen Verhaltens waren. Das sind die Tücken der menschlichen Psyche. Doch auch hierüber müsste man ein eigenes Buch schreiben.

Umgang mit den Erfahrungen

Fest steht: Wenn Familienangehörige, insbesondere die Eltern, mit seelisch und/oder körperlich erniedrigenden Methoden auf Kinder und Jugendliche einwirken, hat dies schwerwiegende Konsequenzen für das Leben der heranwachsenden Menschen. Je härter das Vorgehen ist, desto schlimmer geht es den Kindern und Jugendlichen meist. Es kommt aber auch darauf an, wie sensibel der junge Mensch ist. Für einige reicht es bereits aus, um ihr Selbstbewusstsein ein Leben lang zu zerstören, wenn die Eltern ihre Träume nicht ernst nehmen oder ihnen bei schlechten Schulnoten eine Standpauke halten.

Dinge wie Missbrauch würden sie mit großer Wahrscheinlichkeit gar nicht verkraften. Andere hingegen zucken mit den Schultern, wenn ihre Eltern meinen, ihnen ihre Lebensweise vorgeben zu können, und sagen: „Jetzt erst recht!“ Sie haben meist Personen in ihrem Umfeld, die ihr Selbstbewusstsein und ihr Selbstwertgefühl stärken. Nicht jeder hat aber dieses Glück, und bei den meisten bleibt auch trotz guter Menschen in ihrer Umgebung zumindest ein kleiner Kratzer im Inneren zurück, der sie im späteren Leben verunsichert und einen Angriffspunkt für das Einwirken dunkler Psychologie darstellt.

Falls Sie selbst in Ihrer Kindheit oder Jugend unter dunklen Verhaltensweisen Ihrer Eltern oder anderer Angehöriger zu leiden hatten oder womöglich wirklich schlimme Erfahrungen gemacht haben, heißt das nicht, dass Sie für immer in Ihren düsteren Gedanken und Gefühlen verharren müssen. Auch **als Erwachsener kann man immer noch lernen, den eigenen Wert zu erkennen, das eigene Selbst zu finden und innerlich stark zu werden**. Je später man diesen Schritt wagt, desto mehr Übung und Disziplin braucht man zwar, da sich die alten Strukturen dann schon lange festigen konnten, aber es ist den **Aufwand wert, denn es geht um Ihr eigenes, freies, zufriedenes Leben**. Bestimmt haben Sie auch mindestens einen guten Freund oder eine gute Freundin, der bzw. die Ihnen dabei hilft. So eine Person, die einem den Rücken stärkt, ist sehr wertvoll.

Vielleicht hat auch er bzw. sie Erfahrungen mit dunkler Psychologie gemacht und besitzt daher ein nicht allzu hohes Selbstbewusstsein. Dann können Sie sich gegenseitig aufbauen. Auch allein ist es aber möglich, innere Stärke zu entwickeln, sich von belastenden Erinnerungen zu befreien und sich gegen den Einfluss dunkler Psychologie zu wappnen. Das Wichtigste dabei ist, dass Sie sich eingestehen, dass Sie an sich arbeiten müssen, und Ihr Wille.

Ohne dass Sie es wirklich wollen, kann sich nichts ändern. Wenn Sie es aber wirklich wollen, können Sie es schaffen, egal, wie widrig die Umstände sind und wie sehr Sie (noch) unter dem Einfluss dunkler Psychologie stehen. Glauben Sie an sich und üben Sie täglich, um ein selbstbestimmtes Leben zu führen. Wenn Ihre Eltern bzw. Angehörigen psychisch krank sind, sollten Sie allerdings nicht Ihre Zeit und Energie damit vergeuden, über deren damalige (oder vielleicht auch noch heutige) Fehler zu diskutieren. Es würde nichts bringen und Sie nur noch mehr belasten. Eine Ausnahme gilt eventuell, wenn die betreffenden Familienmitglieder erfolgreich eine Therapie gemacht haben.

Die allermeisten von uns haben aber zum Glück nur die eigentlich wohlmeinenden, aus heutiger Sicht eher inkompetenten Eltern, mit denen man immer noch eine gute Beziehung hat. Und genau mit diesen liebenswerten Menschen, die selbst nur Opfer unserer egoistischen, unterdrückerischen Tretmühlen-Gesellschaft sind, sollte man immer wieder das Gespräch suchen. Zum einen, um die Vergangenheit aufzuarbeiten, und zum anderen, um diesen Menschen zu helfen, vielleicht doch noch selbst zu einem selbstbestimmten Leben finden zu können. Einen kleinen Vorsprung an innerer Stärke sollten Sie sich aber geben, damit Ihr aufkeimendes Selbstbewusstsein nicht doch gleich wieder vergeht. Fangen Sie also erst einmal bei sich selbst mit den Übungen an und suchen Sie klärende Gespräche erst, wenn Sie sich ein wenig gefestigter fühlen.

DAS „ERWACHSENE" PRIVATLEBEN IN PARTNERSCHAFT, FAMILIE UND FREUNDESKREIS

Dunkle Machenschaften und Interessen in der Partnerschaft, der Familie und im Freundeskreis? In so engen, vertrauten Verhältnissen sollte so etwas doch nicht vorkommen, oder? Doch, leider ja, und sogar häufiger, als man glaubt. Im vorangegangenen Abschnitt haben Sie schon gesehen, dass aus verschiedenen Gründen und auf verschiedene Arten sogar Eltern bei ihren Kindern dunkle Psychologie anwenden.

Das ist insbesondere problematisch, weil Kinder ihren Eltern ausgeliefert sind und sich nicht gegen die Einflüsse schützen können, da sie noch nicht selbstständig ihr Leben führen können. Ob Sie als Erwachsener mit Ihren Familienangehörigen, Ihrem Partner oder Ihren Freunden in Kontakt bleiben, ist Ihre eigene Wahl und insofern ist dunkle Psychologie hier nicht so problematisch - sollte man denken. Oftmals merken Sie aber nicht einmal, dass Sie manipuliert werden, oder gerade durch die Manipulation wird das Gefühl in Ihnen hervorgerufen, dass Sie eben nicht einfach gehen können.

Toxische Beziehungen und Co-Abhängigkeit

Ich erwähnte im ersten Kapitel bereits die sogenannten toxischen Menschen, die ihre Mitmenschen zu ihren Zwecken ausnutzen und versuchen, sie durch dunkle Tricks an sich zu binden. Ich beschrieb auch das Problem, dass diese Personen am Anfang meist sehr nett und vertrauenswürdig wirken, sodass Sie sich leicht von ihnen einlullen lassen, ihnen alles erzählen und im guten Glauben daran, dass es wirklich nette Menschen sind, Ihr Herz an sie hängen. Ohne dass Sie es merken, wird aus der Liebe ein Zwang.

Sie werden in innere Ketten gelegt und verlieren nach und nach Ihre Selbstachtung. Sie leben und funktionieren nur noch für diesen Menschen, geben Ihre eigenen Ziele auf, denken unentwegt über diese Person nach und fühlen sich für sie verantwortlich. Sie lassen sich Schuldgefühle machen und machen sich selbst Vorwürfe - bestimmt liegt es an Ihnen, dass sich diese Person so verächtlich Ihnen gegenüber verhält, bestimmt haben Sie sich einfach noch nicht genug aufgeopfert oder verdienen es nicht besser. Eigentlich ist er oder sie doch so liebenswert und Sie hatten doch so viele schöne Erlebnisse zusammen. Sie wollen es nicht wahrhaben.

Toxische Menschen schaffen es, andere Menschen komplett zu vereinnahmen und innerlich zu zerstören. Wenn die betreffende Person aufgrund einer psychischen Störung wie zum Beispiel Borderline, narzisstischer Persönlichkeitsstörung oder Alkoholismus das toxische Verhalten zeigt, spricht man im Fall der Angehörigen, die in diese Situation geraten, von Co-Abhängigkeit. Auch ohne psychische Störung kommt es aber zu toxischem Verhalten, zum Beispiel aufgrund eines sogenannten narzisstischen Persönlichkeitsstils (das, was man im allgemeinen Sprachgebrauch als narzisstisch oder egozentrisch bezeichnet).

Für das, was den betroffenen Angehörigen und Freunden dabei geschieht, gibt es kein Fachwort, aber es geht ihnen genauso wie den Angehörigen psychisch kranker Personen. Nur, dass es keine vernünftige Erklärung dafür gibt, warum sich der toxische Mensch so verhält, denn Boshaftigkeit aus freiem Willen ist nichts, was ein guter Mensch verstehen kann. Man muss allerdings auch wiederum sehen, dass viele Menschen sich solche Verhaltensweisen aus ihrem Umfeld abgeguckt haben und insofern gar nicht wissen, dass sie problematisch sind. Der Grund für das Verhalten ist aber auch gleichgültig, denn es geht hier nicht darum, den toxischen Menschen zu helfen, sondern Ihnen, wenn Sie unter einem solchen Einfluss stehen. Ihnen muss einzig und allein klar werden, dass der Grund nicht bei Ihnen selbst liegt. Sie müssen die rosarote Brille absetzen und der Wahrheit ins Auge blicken, egal, ob „Ihr" toxischer Mensch nun psychisch beeinträchtigt ist oder nicht: Sein Verhalten ist schädlich für Sie und Sie müssen sich von den Ketten befreien, die er Ihnen angelegt hat. Sie sind nicht schuld an seinem Verhalten und Sie tragen keinerlei Verantwortung für ihn. Jeder Mensch ist für sich selbst verantwortlich und niemand hat das Recht, einen anderen für seine Zwecke zu missbrauchen.

Im extremen Fall ist es nämlich genau das, was passiert - emotionaler Missbrauch. Nichts anderes ist es, wenn man einen Menschen manipuliert, um ihn gefügig zu machen, auszunutzen, zu unterdrücken, zu erniedrigen und die Liebe für ihn zum Gefängnis zu machen. Nicht immer wird es so schlimm, aber ein negatives Gefühl bekommt man zumindest durch den engen Kontakt mit einem toxischen Menschen.

Man steht unter Druck, denn man hat das Gefühl, ihm immer alles recht machen zu müssen und ihm gefallen zu müssen, er selbst jedoch kümmert sich nicht darum, was man sich wünscht und ob einem gefällt, was er tut. Dadurch entsteht der Eindruck, dass man selbst weniger wert ist, und man denkt automatisch darüber nach, was man tun könnte, damit das Verhältnis weniger angespannt ist.

Wenn Sie innerlich einigermaßen stark sind, bekommen Sie durch die Situation zwar auch schlechte Laune, aber Sie können das Gefühl relativ leicht abstreifen. Sie versuchen dann auch weniger, sich selbst zu verbiegen, aber Sie wenden einiges an Energie auf, um mit der betreffenden Person über deren Verhalten zu diskutieren - sinnlos jedoch, denn Einsicht ist nicht vorhanden oder vergeht nach ein paar Stunden oder Tagen wieder. Selbst wenn der Mensch gut ist und das egoistische, manipulierende Verhalten nur zum Beispiel von einem Elternteil oder Idol übernommen hat, gehört es nun einmal zu seinen eingefahrenen Gewohnheiten und sein Denken hat sich über Jahrzehnte so geformt, dass in seinem Kopf eine eigene Realität herrscht.

Alles Reden ist zwecklos, die Worte kommen nicht an. Genauso gut könnten Sie mit einer Wand sprechen. Das erkennen Sie irgendwann und entfernen sich innerlich oder auch äußerlich von der Person. Wenn Sie allerdings kein starkes Selbstbewusstsein haben, ist es ein Leichtes für den toxischen Menschen, Sie unter seine Kontrolle zu bringen und nach seinem Wünschen an den Fäden tanzen zu lassen. Vielleicht sind Sie selbst „Opfer" der dunklen Motive eines geliebten Mitmenschen, vielleicht kennen Sie solche Fälle aber auch „nur" als Zuschauer. Wenn Sie eine Person kennen, die unter dem Einfluss eines toxischen Menschen steht, sollten Sie ihr helfen und beistehen; wenn Sie selbst diese Person sind, sollten Sie sich selbst helfen und sich auch Hilfe suchen. Sich zu befreien, ist leider nicht immer so einfach.

Zum einen sind da die Liebe und das Gefühl, nicht auf diesen Menschen verzichten zu wollen oder zu können. Die Vorstellung der Trennung fühlt sich so schrecklich an, dass man lieber die seelischen und ggf. auch körperlichen Qualen erträgt. Bei Freundschaften kommt das zwar höchst selten vor, sodass Sie sich hier ziemlich leicht befreien können, es sei denn, Sie gehören einem gemeinsamen, engen Freundeskreis an. Im Regelfall werden Sie trotzdem nicht so emotional involviert sein, dass Sie es nicht schaffen, sich von dieser Person oder ihrem Verhalten abzuschotten. Ganz anders sieht es oft in Partnerschaften aus. Zu der quälenden, zwanghaften Liebe kommt hier vielfach die Angst hinzu, keinen besseren Partner zu finden und allein zu bleiben. Das liegt dann an einem mangelnden Selbstbewusstsein, das vielleicht schon vor der Beziehung existiert hat, aber das vor allem auch durch den toxischen Partner beständig geschrumpft wurde.

Beleidigungen, mangelndes Interesse, Missachtung der Wünsche und Bedürfnisse, Vorwürfe, Isolation vom Freundeskreis, Trennungsandrohungen - all das sind Methoden, mit denen toxische Menschen ihre Partner an sich binden.

Beliebt sind auch Sätze wie: „So, wie du dich verhältst, kannst du doch froh sein, einen Mann/eine Frau wie mich zu haben. Das würde kein/e andere/r mitmachen." Sie haben außerdem ein Talent dafür, die persönlichen Schwachpunkte zu finden, bzw. kennen diese aus den eigenen vertrauensseligen Erzählungen, und hacken subtil oder direkt darauf herum, bis man sich ganz klein fühlt und sich am liebsten verkriechen möchte. Gern stellen toxische Menschen auch heraus, was sie angeblich alles für einen tun (de facto eher wenig, es sei denn, sie wollen sich gerade die Zuneigung „erkaufen") und bezeichnen einen als undankbar, wenn man ihnen dafür nicht ihre Wünsche erfüllt.

Als Partner eines solchen Menschen ist man oft am Rande der Verzweiflung, man opfert sich auf und immer noch ist es nicht genug. Und da der toxische Mensch beständig darauf beharrt, dass er Recht hat, man selbst einfach zu unzulänglich ist, und alles verdreht, zweifelt man am Ende sogar am eigenen Verstand und hat selbst das Gefühl, verrückt zu werden. Die Konsequenzen sind nicht „nur" ein Verlust der eigenen Freiheit und Lebensfreude, sondern oft auch ernst zu nehmende psychische Erkrankungen wie Depressionen, Burnout, psychosomatische Beschwerden oder Angststörungen. Lassen Sie es nicht so weit kommen. Ziehen Sie die Reißleine. Sie haben ein Recht auf Ihr eigenes Leben, und zwar als glücklicher, gesunder Mensch.

Oft ist man aber auch so eng miteinander verbunden, dass man sich aus tatsächlichen Gründen zumindest im Moment nicht trennen kann oder es so scheint, als ob es nicht geht. Vielleicht haben Sie gemeinsame Kinder, sind finanziell abhängig von Ihrem Partner, haben ein gemeinsames Haus und keiner kann den anderen auszahlen, oder Sie führen eine gemeinsame Firma. Es gibt aber immer eine Lösung. Entweder, Sie lieben sich gegenseitig wirklich, dann sollten Sie versuchen, gemeinsam die Situation zu ändern (das heißt für den toxischen Menschen normalerweise, dass er eine Therapie besucht), oder Sie lieben sich nicht bzw. einer von beiden liebt den anderen nicht, dann sollten Sie (der nicht toxische Partner) das Weite suchen.

Falls Ihr Partner an einer psychischen Störung leidet, sollten Sie dennoch versuchen, ihn in seinem Sinne zu überzeugen, eine Therapie zu machen, und sicherstellen, dass es eine andere Person gibt, die ihm zur Seite steht, wenn Sie das nicht sein wollen oder können. Solche Menschen haben wirklich Probleme und sind nicht einfach zum Spaß niederträchtig.

In jedem Fall aber müssen Sie auf sich selbst achten, das hat jetzt Priorität. Gestehen Sie sich ehrlich ein, was Sie ertragen können und was nicht. **Lernen Sie, sich abzuschotten, für sich selbst einzustehen, sich Freiraum zu nehmen, Ihr eigenes Leben zu führen**, selbstbewusst zu sein und sich nicht alles gefallen zu lassen.

Haben Sie mit einem toxischen Menschen ein Kind bzw. Kinder, ist die Situation besonders kompliziert. Eine Trennung der Eltern ist für ein Kind immer ein schwerer Schlag, andererseits müssen Sie auch auf sich selbst aufpassen und es tut dem Kind auch nicht gut, wenn sich die Eltern ständig streiten oder ein Elternteil unter dem anderen leidet. Wenn Sie sich für das Bleiben entscheiden, müssen Sie umso mehr auf Ihr Selbstbewusstsein achtgeben und dürfen nicht nach der Pfeife Ihres Partners tanzen, denn ansonsten würden Sie Ihrem Kind vermitteln, dass es richtig ist, sich ausnutzen und erniedrigen zu lassen. Sie sind immerhin ein Vorbild für Ihr Kind. Bringen Sie auch Ihrem Kind Selbstbewusstsein bei, damit es nicht selbst zum Opfer toxischen Verhaltens wird.

Außerdem müssen Sie (beide Partner) dann friedlich miteinander auskommen, um dem Kind eine sichere häusliche Atmosphäre zu geben. Das ist für seine positive Entwicklung wichtig. Bleiben Sie aber nicht nur, um dem Kind eine „heile" Familie zu geben. Wenn es nicht geht, dann geht es nicht. Dann ist es auch für das Kind besser, wenn Sie sich von Ihrem toxischen Partner trennen. Aber passen Sie auf, dass die Trennung und die zukünftige Kommunikation (die hier unvermeidbar ist, da Sie ein gemeinsames Kind haben) möglichst friedlich ablaufen und dass keine Streitereien auf dem Rücken des Kindes ausgetragen werden.

Wenn Sie sich trennen, egal, ob mit oder ohne Kinder, arbeiten Sie trotzdem an Ihrem Selbstbewusstsein und Selbstwertgefühl und achten Sie darauf, auf wen Sie sich in Zukunft einlassen. Lernen Sie aus Ihren Erfahrungen und setzen Sie sich keine rosarote Brille mehr auf die Nase. Seien Sie offen für neue Kontakte und halten Sie das Gute für möglich, aber das Schlechte genauso.

Lernen Sie, ein gesundes Misstrauen zu entwickeln. Geben Sie nicht gleich alles von sich preis und hängen Sie Ihr Herz nicht an jemanden, bevor Sie ihn wirklich gut kennen. Seien Sie insbesondere auch wachsam für toxische Verhaltensweisen und andere Signale der Manipulation (siehe Kapitel „Methoden der Manipulation" sowie Bonusteil).

Seien Sie sich darüber klar, wie eine Beziehung sein sollte, und geben Sie acht, ob sie wirklich so ist. Eine Beziehung sollte für beide Partner gleichermaßen ein geborgenes Gefühl geben, beide sollten einander in höchstem Maße respektieren und sich ehrlich lieben, sorgsam miteinander umgehen und füreinander da sein. Jeder von beiden sollte das Gefühl haben, gut aufgehoben zu sein, sich voller Vertrauen einfach fallen lassen zu können und vollkommen er selbst sein zu dürfen.

Ein Paar sollte zusammen wie eine Festung sein, die der Welt „da draußen" trotzt, zusammenhält und sich immer wieder gegenseitig aufbaut, egal, wie schwierig die Zeiten sind. In einer toxischen Beziehung erwartet der toxische Mensch dies alles zwar von seinem Partner, aber selbst gibt er es nicht. **Zusammen, gemeinsam, beide - das sind die Stichwörter, auf die Sie achten müssen**. Alles muss gleichwertig und gleichberechtigt sein und es muss ein wirklich schönes, natürliches Gefühl sein, mit diesem Menschen zusammen zu sein. Das heißt nicht, dass es nicht mal Unstimmigkeiten oder auch echten Streit geben kann. Bei aller Liebe sind Sie immer noch zwei verschiedene Menschen, die viel Zeit miteinander verbringen. Es kann nicht immer alles harmonisch sein, und sich wieder zu vertragen, ist auch schön, solange es denn eine richtige Versöhnung ist und sich nicht einer der „Macht" des anderen unterordnet. Zu echter Liebe gehört jedoch kein Druck oder Zwang, denn jemand, der einen wirklich liebt, verursacht einem nicht diese negativen Gefühle. Sobald Sie etwas denken wie: „Ich muss soundso aussehen, damit er/sie mich liebt", oder „Ich muss mich jetzt beeilen, sonst wird er/sie wieder sauer", wenn Sie sich davor scheuen, über Ihre eigenen Wünsche und Gefühle zu sprechen oder begründete Kritik zu äußern, steuern Sie bereits wieder in eine toxische Beziehung. Und das geht schneller, als man denkt. Ganz gleich, ob Sie bereits eine toxische Beziehung hatten oder nicht, sagen Sie niemals „Das kann mir nicht (wieder) passieren, dafür bin ich viel zu selbstbewusst". Es ist leider so, dass jeder ein Opfer von Manipulation werden kann. Selbstbewusstsein schützt zwar, aber nicht immer. Sie müssen deshalb gut auf sich aufpassen und wachsam für Hinweise auf eine toxische Beziehung im Verhalten Ihres (potenziellen) Partners und in Ihnen selbst sein. Sobald Sie etwas Derartiges bemerken, ziehen Sie lieber die Reißleine, bevor es zu spät ist und Sie in den toxischen Strudel gesogen werden.

Besonders als selbstbewusster Mensch sollten Sie außerdem darauf achten, nicht den Retter spielen zu wollen. Damit meine ich, dass man sich aus welchen Gründen auch immer (zum Beispiel auch einer fachspezifischen Ausbildung im Sozialbereich) zum Ziel gesetzt hat, wenigstens einen einzigen schlechten oder tief gesunkenen Menschen zu missionieren, von seinem Problem zu befreien und ihn zu einem besseren Wesen zu machen.

Und so sucht man sich Menschen, die so sind, überall. Zur Not holt man sie selbst unter dem Kneipentisch hervor oder hält sie von einer ihrer üblichen Untaten ab, rettet sie, holt sie zu sich nach Hause wie eine ausgesetzte Katze. Voller Mitleid und Selbstsicherheit erkennt man nicht, dass man sich selbst in Gefahr begibt und dass der Mensch gar nicht so hilfsbedürftig ist, wie er wirkt.

Natürlich gibt es auch Menschen, die wirklich Hilfe brauchen und zudem auch noch liebenswert und vertrauenswürdig sind. Aber es steht leider niemandem auf die Stirn geschrieben, was in ihm steckt, also seien Sie vorsichtig. Manche Menschen beherrschen es sogar, ihre Körpersprache so zu verstellen, dass sie den Eindruck erwecken, der für sie gerade nützlich ist, und ihren wahren Charakter verbergen. Das heißt jetzt nicht, dass Sie komplett misstrauisch werden und nie mehr eine Partnerschaft oder Freundschaft eingehen sollten, und auch nicht, dass Sie selbst egoistisch werden und nur noch auf sich selbst achten sollten. Gehen Sie jedoch mit einer guten Portion Misstrauen an jeden neuen Kontakt heran, passen Sie auf, dass Gleichberechtigung und Respekt herrschen, und lassen Sie Ihren Verstand über Ihre Gefühle regieren anstatt umgekehrt.

Ein Hinweis: Wenn Sie denken, dass Sie sich möglicherweise in einer toxischen Beziehung oder Co-Abhängigkeit befinden, informieren Sie sich bitte zu diesen Themen sowie zu ggf. möglichen psychischen Störungen Ihres Partners. Hierauf ausführlicher einzugehen, würde den Rahmen dieses Buches übersteigen. Es gibt gute Ratgeber zu diesen Themen, aber am besten sollten Sie das Gespräch mit einem Psychologen suchen, um die Situation richtig einschätzen zu können.

Insbesondere, wenn Sie immer wieder dazu neigen, auf toxische Menschen hereinzufallen, liegt die Vermutung nahe, dass die Ursache dafür bereits in Ihrer Kindheit oder Jugend zu finden ist. Möglicherweise konnten Sie dort so wenig Selbstbewusstsein aufbauen, dass Sie sich nicht als wertvoll genug erachten, um respektiert und geliebt zu werden. Vielleicht haben Sie auch von Ihren Eltern vorgelebt bekommen, dass eine toxische Beziehung „normal" ist, und haben sich mit der Opferrolle (dem nicht toxischen Elternteil) identifiziert. In solchen Fällen ist es ratsam, sich nicht nur zu informieren, sondern gegebenenfalls selbst eine Therapie in Anspruch zu nehmen.

Die „lieben Verwandten"

In einer Familie ist es im Gegensatz zu einer Partnerschaft nicht möglich, einfach zu gehen, denn man ist nun einmal miteinander verwandt. Zwar ist das allein kein Grund, den Kontakt nicht beenden zu können, aber man hat doch meistens auch noch gemeinsame Verwandte, über die dann wieder Kontakt entsteht. **Am schwierigsten ist es, wenn es sich bei dem toxischen Menschen um Ihre Schwester, Ihren Bruder, Ihren Vater oder Ihre Mutter handelt. Sie treffen dann unweigerlich immer wieder auf diesen Menschen und müssen sich mit seinem Verhalten auseinandersetzen.**

Es ist wahrscheinlich auch nicht möglich, sich innerlich von der Person loszusagen, denn es ist nun einmal Ihre engste Familie und die Liebe aus so einer engen Verbindung lässt sich nicht einfach abstellen. Gerade hier wäre doch vielleicht die Möglichkeit, doch noch etwas zum Guten zu ändern. Möglicherweise ist die positive Seite der Emotionen stark genug.

Allerdings ist die Chance gering, dass sich wirklich etwas ändert. Wahrscheinlich bleibt die Konstellation, wie sie schon immer war. Wenn jemand früher in der Familie schon das Sagen hatte und seine Macht demonstriert hat, ist das vermutlich auch heute noch so oder zumindest so ähnlich. Je näher die Verwandtschaft ist, desto mehr sollten Sie natürlich das Gespräch suchen. Aber arbeiten Sie sich nicht daran ab und seien Sie nicht niedergeschlagen, wenn es nicht klappt. Wenn Ihnen Worte, Mimik und Gestik Ihrer lieben Verwandten von früher noch geläufig sind, werden Sie merken, dass diese Aspekte in leicht modifizierter Form oder auch im Original bei jeder Zusammenkunft wieder auf Sie zukommen. Machen Sie nicht den Fehler, darauf zu reagieren. Bleiben Sie freundlich und gelassen und denken Sie sich Ihren Teil. Manches ändert sich eben nie. Aber es ist doch trotzdem Ihre Familie.

Wenn Sie den Eindruck haben, dass Sie das alles im Erwachsenenalter immer noch nicht ertragen, sollten Sie sich ggf. „selten machen". Sagen Sie das eine oder andere Treffen unter einem Vorwand ab. Aber verweigern Sie natürlich keine Hilfe, sofern Sie diese leisten können, bzw. bieten Sie auch an zu helfen. Wie gesagt, es ist Ihre Familie, und in einer Familie hilft man sich. Anders verhält es sich, wenn ein Verwandter Ihnen wirklich übel mitgespielt hat, Sie zum Beispiel gewalttätig angegriffen oder missbraucht hat. Es ist dann Ihre Entscheidung, ob Sie ihm verzeihen, sofern er Sie um Entschuldigung gebeten hat, aber dieses heikle Thema wollen wir hier nicht näher besprechen.

Hier soll es um die Fälle gehen, in denen nur in leichter Form dunkle Psychologie angewendet wurde. Fälle, in denen bei Familientreffen zum Beispiel konspirativ gelächelt wird, wenn Sie etwas zur Unterhaltung beitragen. Fälle, in denen in Ihrem Beisein von Ihnen geredet wird, als ob Sie nicht anwesend wären.

Vielleicht werden Sie für Ihr **Aussehen kritisiert** („Na, ist das jetzt Mode?" „Na, hast du zugenommen?") oder es wird über Ihre Einkommens- und Besitzverhältnisse gestichelt („Na, verdienst du immer noch so wenig Geld? Deine Geschwister haben es doch auch geschafft"). Sie werden es wahrscheinlich aus eigener Erfahrung kennen.

Jedes Mal, wenn Sie **nach** so **einem Treffen** nach Hause gehen, sind Sie wieder **einen halben Kopf kleiner**, betrachten sich und Ihr Leben kritisch und fragen sich, ob Sie nicht doch etwas ändern sollten, um mehr Anerkennung von Ihren Verwandten zu bekommen. Nein, das sollten Sie nicht. Sie sollten aber an Ihrer inneren Einstellung arbeiten, denn Sie sind nur verletzlich, weil Sie es zulassen. Lassen Sie niemals an sich heran, was Ihnen an **subtilen oder direkten Beleidigungen** zuteilwird. Lächeln Sie im Inneren und sagen Sie sich still: „Ja, ja, redet ihr nur. Na und? Ich weiß, wer ich bin und kenne meinen Wert." Sie können Ihre

Verwandten lieben, aber Sie müssen nicht auf sie hören. Mehr Tipps zum Thema Gelassenheit und Selbstbewusstsein gibt es später noch.

Falsche Freunde

Auch unter den Menschen, die wir uns selbst gesucht haben, um mit ihnen Spaß zu haben und unsere Sorgen zu teilen, die uns trösten und aufbauen sollten, wenn es in der Familie oder der Partnerschaft Probleme gibt, finden wir leider zum Teil Personen, die uns nur ausnutzen und nach ihrem Willen formen wollen, um sich selbst besser zu fühlen. Vielleicht haben Sie Glück und Ihre Freunde sind wirklich alle echte Freunde, aber es lohnt sich im Sinne Ihrer inneren Freiheit und Ihrer Zufriedenheit, mal genauer hinzuschauen.

Hat einer Ihrer Freunde Vorteile davon, wenn Sie mit ihm befreundet sind, und nutzt Ihre Hilfsbereitschaft nur aus? Meldet sich jemand nur bei Ihnen, wenn er etwas braucht, aber zeigt sonst kein Interesse an Ihnen (auch nicht, wenn Sie ihn um Hilfe bitten)? Hört sich einer Ihrer Freunde selbst gern reden und lobt sich in den höchsten Tönen, lässt Sie aber nicht zu Wort kommen oder spricht sogar abwertend über Sie bzw. mit Ihnen? Erwartet jemand von Ihnen, dass Sie immer seiner Meinung sind, ggf. negatives Verhalten von ihm decken oder ihn dabei unterstützen? Mobbt er zum Beispiel jemand anderen und Sie „müssen" dabei mitmachen, weil er sich ansonsten gegen Sie wendet? Stellt einer Ihrer Freunde ständig heraus, wie gut er angeblich zu Ihnen ist, und erwartet dafür Gegenleistungen? Kritisiert einer Ihrer Freunde Sie laufend für Ihr Verhalten, ohne dass Sie ein tatsächliches Fehlverhalten zeigen? Haben Sie Ihr Aussehen und/oder Ihre Einstellung geändert, um „mit dabei sein" zu dürfen?

Wenn Sie mindestens eine der Fragen mit „ja" beantwortet haben, handelt es sich bei dem betreffenden Freund um keinen echten Freund, sondern um eine Person, die nur jemanden gesucht hat, über den sie Macht haben und von dem sie profitieren kann. Wie sagt man so schön: Wer solche Freunde hat, braucht keine Feinde mehr. Beenden Sie diese „Freundschaften" und achten Sie in Zukunft darauf, bei der Auswahl Ihrer Freunde wählerischer zu sein. Es kommt nicht darauf an, wie viele Freunde man hat, sondern wie gut die Freundschaften sind. Gute Freunde zeichnen sich dadurch aus, dass man ihnen absolut vertrauen kann, dass sie einen so akzeptieren und mögen, wie man wirklich ist, dass sie hundertprozentig zu einem stehen und dass sie einen aufbauen, anstatt einen herunterzumachen.

Werden Sie hellhörig, sobald Sie von oben bis unten abschätzig angeguckt werden, stichelnde Kommentare zu Ihrer Figur, Frisur oder Kleidung, Ihrer Wohnung, Ihrem Auto, Ihrem Job, Ihren Gewohnheiten oder irgendetwas anderem zu hören bekommen, oder wenn jemand mit Betonung auf „Ich" mit geschwollener Brust etwas sagt wie: „Ich habe gerade eine Gehaltserhöhung bekommen. Ich bin eben gut im Job."

Seien Sie ehrlich zu sich selbst und erkennen Sie, wie unwohl Sie sich in solchen Momenten fühlen. Echte Freunde geben einem kein unwohles Gefühl. Es sollte Ihnen nicht schwerfallen, sich von so einem „Freund" zu trennen. Am besten sollten Sie nur sagen „Bei mir bist du ab sofort entlassen" und sich umdrehen und gehen.

Natürlich kann es sein, dass jemand einmalig ein Verhalten zeigt, das ein echter Freund nicht haben würde. Manchmal sind Emotionen im Spiel und Menschen können nicht einschätzen, wie ihre Worte oder ihr Verhalten wirken. Wenn sich jemand überwiegend wie ein richtig guter Freund verhält und dann mal so einen „Aussetzer" hat, geben Sie ihm nicht sofort den Laufpass, sondern sprechen Sie ihn ruhig und sachlich darauf an.

An seiner Reaktion sehen Sie dann, ob es bisher nur ein getarnter falscher Freund war oder ein echter Freund ist, der einfach gerade einen schlechten Moment hatte. Ein echter Freund sieht es ein und entschuldigt sich, ein falscher macht sich über Sie lustig, beleidigt Sie oder beharrt darauf, dass er angeblich nichts falsch gemacht hat und Sie „zu empfindlich" sind.

Dunkle Psychologie in der Ausbildung und am Arbeitsplatz

DER GRUNDSTEIN: KINDERGARTEN UND SCHULE

Im vorangegangenen Kapitel wurde schon aufgezeigt, wie wichtig es ist, dass das Kind bzw. der Jugendliche im Elternhaus und in der Familie gut und sicher aufgehoben ist, um positiv ins Leben zu starten. Es ging auch darum, dass junge Menschen in diesem Bereich nicht negativen Einflüssen ausgesetzt werden dürfen, indem die Eltern und die übrige Familie bewusst oder unbewusst Drohgebärden aussenden, um die Kinder möglichst reibungslos an das gesellschaftliche Normensystem anzupassen, zum Funktionieren zu bringen oder die eigene Machtposition zu verdeutlichen.

Die Familie, allen voran die Eltern, sollten die jungen Menschen stärken, ihnen helfen, sich selbst zu finden, ihr Selbstbewusstsein aufbauen und ihnen zeigen, dass sie es wert sind, geliebt zu werden, wie sie von innen heraus sind. Es gibt nicht nur die Eltern, die im vorigen Kapitel beschrieben wurden, sondern auch die, die ihren Kindern gegenüber immer oder meistens ein Verhalten entgegenbringen, das diesen ein selbstbestimmtes und glückliches Leben ermöglicht. In der Entwicklung eines jungen Menschen kommt nun aber ein weiterer Faktor hinzu.

Irgendwann müssen auch die besten Eltern ihre Kinder in die große, weite Welt entlassen und dort warten viele fremde Menschen, von denen leider ganz und gar nicht alle respektvoll und freundlich sind. In Kindergarten und Schule begegnen sie diversen anderen Kindern sowie Erziehern und Lehrern. Viele Einflüsse neuer Art wirken auf das Kind ein, und zwar zu einer Zeit, in der die Entwicklung seines Selbst noch längst nicht abgeschlossen ist. Eigentlich sollten Kindergarten und Schule dazu dienen, den Kindern und Jugendlichen Wissen zu vermitteln und ihre Sozialkompetenz zu steigern. Eigentlich. Jeder weiß wohl inzwischen, dass die Umstände in diesen Institutionen nicht immer ideal sind. Vieles ist nicht gut und manches nicht einmal gut gemeint.

Das „normale" Lernen

Bereits bei den Dingen, die gelernt werden müssen, fängt es an. Die Inhalte sind oft nicht einmal für uns Erwachsene nachvollziehbar und die Art und Weise, wie der Schulalltag geregelt wird, verursacht bei vielen Eltern ein Kopfschütteln. Hinzu kommt der soziale Aspekt - soziales Miteinander sieht eigentlich anders aus als das, was man in vielen Schulklassen oder auch schon Kindergartengruppen vorfindet. Alldem sind die Kinder nun schutzlos ausgesetzt, sie müssen für viele Jahre fernab von zu Hause einen großen Teil ihrer Zeit verbringen, sie müssen mitmachen und funktionieren.

Für ein eigenes Selbst ist spätestens in der Schule kein Raum mehr und das lernen die Kinder und Jugendlichen oft durch bittere Erfahrungen. Sie fühlen sich unverstanden, eingeengt, ihrer Freiheit beraubt und unter Druck, den Anforderungen des Unterrichts bzw. der Lehrer zu genügen.

Schon in der Grundschule und im zunehmenden Maße an der weiterführenden Schule wird außerdem daran gearbeitet, dass die Schüler „vernünftige" Berufswünsche entwickeln und schon einmal das Verhalten lernen, das sie später am Arbeitsplatz an den Tag legen sollen - fleißig sein, alles hinnehmen, sich Anweisungen fügen und bloß nicht „dumm auffallen".

Im schlimmsten Fall werden sie sogar Opfer von Mobbing durch Mitschüler oder auch durch Lehrer. Die Eltern sind nicht anwesend, sodass die Kinder sich selbst behaupten müssen.

Wenn ein Kind bereits in seiner frühen Kindheit ein starkes Selbstbewusstsein aufbauen konnte und einen guten Rückhalt im Elternhaus hat, besitzt es gegenüber denen, die dieses Glück nicht hatten, einen großen Vorteil. Weder Stress noch feindliches oder beeinflussendes Verhalten können ihm dann so leicht etwas anhaben und so hat es auch bessere Chancen, unbeschadet und erfolgreich durch die Schulzeit zu kommen.

Das Bewusstsein des eigenen Selbst gibt ihm Mut, auch weiter zu lernen, wenn der Unterrichtsstoff (zu) schwierig ist, sich gegen mobbende Menschen und Gruppenzwang zu behaupten und an den eigenen Träumen und Zielen festzuhalten, selbst wenn alle es ihm ausreden wollen.

Wenn das **Kind** jedoch **zu Hause keine** so **positiven Erfahrungen** gemacht hat und auch dort **„lernt", nach dem Willen anderer zu funktionieren und für sein eigenes Ich nicht anerkannt zu werden**, wird es sich **auch in Kindergarten und Schule diskriminieren, ausnutzen, unterdrücken, erpressen oder bedrohen lassen, einfach aufgeben und versagen oder eben funktionieren und sich unterordnen, wie die Gesellschaft es erwartet.**

Es wird auch **keine Fragen mehr stellen**, sondern einfach alles tun, was man von ihm verlangt, sofern es das kann. Gegenüber vermeintlich Stärkeren und Mächtigeren **wird es sich minderwertig fühlen**, und so **wird es leicht ein Opfer** derjenigen, die Druck auf andere ausüben, sie ausnutzen und nach ihren Regeln spielen lassen.

Nun fragt man sich zu Recht, wie es sein kann, dass an einem eigentlich guten Ort wie Kindergarten oder Schule negative, die Seele des Kindes schädigende Einflüsse vorkommen, und das nicht nur im Ausnahme-, sondern fast schon im Regelfall. Die Erzieher und die Lehrer müssten doch eigentlich auf die Kinder aufpassen und sie gut und richtig behandeln. Keine Sorge, die meisten Erzieher und Lehrer tun das auch und nutzen ihre Machtstellung nicht aus, sie sind keine Narzissten oder Anhänger der dunklen Psychologie. Allerdings verhält es sich mit ihnen teilweise wie mit den wohlmeinenden Eltern - sie selbst haben gelernt, dass man auf eine gewisse Weise funktionieren muss, und so bringen sie es auch den Kindern und Jugendlichen in gut gemeinter Absicht bei. Das geht schon im Kindergarten los.

„Jetzt malen wir alle eine Blume" klingt eigentlich harmlos und nett, aber für dasjenige Kind, das gerade keine Blume, sondern vielleicht einen Delfin oder überhaupt nichts malen will, ist es ein Eingriff in die persönliche Freiheit und eine Deformierung des Selbst. Schlimmer noch ist die Bewertung des gemalten Bildes (oder irgendeines anderen Werkes oder Verhaltens). Die Blume muss natürlich aussehen wie eine normale Blume oder so, wie ein Kind normalerweise eine Blume malt.

Da darf der Stängel nicht blau sein und die Blüte nicht grau, und sie muss von der Seite zu sehen sein und allein stehen. Allenfalls dürfen noch andere Blumen oder vielleicht Menschen in der Nähe der Blume sein, wenn sie denn auch normal aussehen, aber die Blume darf nicht inmitten von Bäumen oder auf einem Haus stehen und schon gar nicht durchs Weltall fliegen. Dann werden erst einmal die Bilder der anderen Kinder gezeigt, die es richtig gemacht haben, gefolgt von dem

Satz: „Das versuchen wir jetzt noch mal, und diesmal gib dir ein bisschen mehr Mühe." Und wieder ist ein junges Selbst sehr traurig und verliert ein kleines Stück seiner Selbstachtung. Geschieht so etwas öfter, gehen viele Stücke verloren. Und das, lange bevor der Ernst des Lebens beginnt.

In der Schule sind da außerdem noch die Lehrpläne, die bekanntlich viele Inhalte enthalten, die für das spätere Leben unnötig sind, sowie das Schulsystem an sich, das nicht genug auf persönliche Stärken eingeht. Ob jemand zum Beispiel ein außergewöhnliches Talent in Chemie hat, ist für die Versetzung oder das Erreichen des angestrebten Abschlusses egal, wenn er in den restlichen Fächern nicht gut genug ist, und eine Eins in Kunst wird belächelt, wenn es dazu eine Fünf in Mathe gibt. Sofern denn überhaupt Kunstunterricht stattfindet und dieses als unnötig angesehene Fach nicht wegen Lehrermangels zugunsten von Wirtschaft & Politik oder einem anderen vermeintlich wichtigen Fach gestrichen wurde.

Noch schlimmer als eine Fünf in einem „wichtigen" Fach ist nur eine Fünf in Sport. Dann ist man das Gespött der ganzen Klasse, und wenn die Fünf im Abschlusszeugnis steht, ruft das zweifelnde, abschätzige Blicke bei potenziellen Ausbildern und Arbeitgebern hervor. Sport kann doch jeder, muss doch jeder können. Sport ist ein Zeichen von Disziplin und Leistungsbereitschaft. Wer schlecht in Sport ist, der kann bestimmt auch im sonstigen Leben keine guten Leistungen bringen.

So ist das Denken unserer Gesellschaft. Disziplin und Leistungsbereitschaft zahlen nicht nur im Sport, sondern sind auch wichtige Grundpfeiler dafür, dass man ein gutes Rädchen im Getriebe ist. Nicht jeder aber ist sportlich und das hat nicht einmal etwas mit der Figur zu tun. Für manche ist der Sportunterricht eine Qual, der sie sich möglichst oft durch vermeintliches (oder auch tatsächliches) Unwohlsein zu entziehen versuchen. Nicht immer gelingt das aber, und dann muss man laufen, springen, turnen und sich verausgaben, obwohl man schon keine Luft mehr bekommt und alles wehtut, während die anderen Schüler und auch mancher Lehrer mit den Augen rollen und grinsen. Hat man das überstanden, bekommt man von dem Fachlehrer in der Stunde danach ein angewidertes „Puh, wie das hier stinkt!" zum Dank dafür.

So werden die jungen Menschen subtil, ohne dass irgendeine Methode dunkler Psychologie greifbar wäre, in die Richtung geformt, in der sie von

der Gesellschaft erwünscht sind. Aber damit hat es sich noch nicht erledigt, denn es gibt unter den Lehrern leider auch schwarze Schafe, die ihre Machtposition auskosten und bei den Kindern und Jugendlichen erheblichen Stress, negative Gefühle und sogar große Angst auslösen. Sicher wird jedem von Ihnen jetzt mindestens ein solches Exemplar aus der eigenen Schulzeit einfallen. Im Kindergarten kommt es immerhin zum Glück in aller Regel noch nicht vor. Hier sind es eher die Gleichaltrigen, die sich schon aus ihrem Umfeld ein paar dunkle Methoden abgeschaut haben, die auf die Entwicklung des Kindes einwirken.

Die Erzieher sind, auch wenn sie teilweise in wohlmeinender Absicht das Verhalten der Kinder auf sanfte oder manchmal auch etwas strengere Art lenken, für die Kinder oftmals echte Bezugspersonen und werden von ihnen geliebt. Auch unter den Lehrern gibt es solche liebenswerten Menschen. An diese erinnern wir uns ebenfalls und sind ihnen noch heute dankbar. Es gab sogar solche, die uns beigebracht haben, selbstständig zu denken und nicht einfach alles mitzumachen, die uns verstanden und individuell gefördert haben.

Aber es gab auch die anderen, die Lehrer, die anscheinend nichts anderes im Kopf hatten, als uns zu schikanieren, die uns als Opfer betrachtet haben und ihre Macht über uns genossen haben. Und es gibt sie auch heute noch. Wir bekamen von ihnen strenge Blicke, abfällige Gesten, höhnisches Lachen oder Grinsen, Strafarbeiten, teilweise Gebrüll und Drohungen und schlechte Noten aus unerfindlichen Gründen, während sie immer ein bis zwei Lieblinge unter den Mitschülern hatten, die aus ebenso unerklärlichen Gründen diesen Repressalien nicht ausgesetzt waren und gute Noten abonniert hatten. Logik war hier fehl am Platze.

Es waren Schikane, Willkür, Herabsetzung, gezieltes und geplantes Mobbing. Einfach so. Man sah auch, dass diese Lehrer eine Art perfiden Spaß am Mobbing hatten. Wie kann, darf das sein? Traurig, aber wahr, dieses Verhalten ist in unserer Gesellschaft leider weitverbreitet, kommt in allen Gesellschaftsschichten, in allen Berufen und in jedem Alter vor, außer in der ganz frühen Kindheit. Da unsere Gesellschaft leider darauf aufbaut, genau auf diese Art zu funktionieren, wird derartiges Verhalten allgemein nicht als problematisch und oft nicht einmal als Fehlverhalten betrachtet. Wer nicht mitmacht, fällt durchs Raster. Neben diesen ungenießbaren Lehrern gibt es auch noch solche, die sich anscheinend gar nicht dafür interessieren, was aus den Schülern wird, ob sie etwas lernen und was in der Klasse so passiert.

Auch nicht schön, aber immer noch das geringere Übel gegenüber den wirklich schlimmen Lehrern. Aber zum Glück gab und gibt es noch die Aufrechten und Selbstbestimmten, die kritisch Hinterfragenden, die uns dabei geholfen haben, gut ins Erwachsenenleben zu kommen und gegebenenfalls sogar mit unseren Eltern über Erziehungsfehler geredet haben.

Sie sind diejenigen, die der eigentlichen Aufgabe der Schule gerecht werden - nicht einfach nur Wissen zu vermitteln, sondern rundum positiv zur Entwicklung der Kinder und Jugendlichen beizutragen, damit diese ihr eigenes Leben so leben können, wie sie es sich wünschen. Im Idealfall können Lehrer ein Ausgleich zu einer problematischen Situation zu Hause sein, sie können die jungen Menschen auffangen, fördern und stärken, sodass diese selbst dann einen guten Weg gehen können, wenn sie von ihren Eltern keinerlei Rückhalt bekommen.

Mobbing unter Kindern und Jugendlichen

In der Kindergarten- und Schulzeit stellt sich allerdings noch eine weitere Herausforderung, die, selbst wenn zu Hause, mit den Lehrern und auch mit den schulischen Anforderungen alles so weit in Ordnung ist, einen erheblichen Einfluss auf die Psyche von Kindern und Jugendlichen haben kann. Schließlich trifft man in diesen Institutionen auf viele andere junge Menschen, und bei Weitem nicht jeder von ihnen weiß, was gutes Verhalten ist. Im Kindergarten lief meistens noch alles gut, man hat vielleicht nicht mit jedem gespielt, aber das ist auch normal.

Nicht jeder ist jedem sympathisch und nicht alle teilen dieselben Interessen. Das ist grundsätzlich kein Problem. Ein Problem wird es dann, wenn ein Mensch oder eine Gruppe von Menschen meint, dass die eigenen Interessen, das eigene Aussehen und das eigene Verhalten das einzig Richtige seien, und deswegen Menschen, die andere Interessen haben, anders aussehen oder sich anders verhalten, ausgrenzt oder beleidigt.

In der Regel kommt so etwas bei Kindern vor dem Schulalter noch nicht vor, aber es ist auch nicht komplett ausgeschlossen. Vielleicht besteht ein starker Einfluss seitens der Eltern oder älterer Geschwister, die zum Beispiel Menschen mit einer bestimmten Herkunft oder mit wenig Geld verachten und das bereits den Jüngsten der Familie beibringen. Aber im Regelfall hat jedes Kind gute Freunde, die zu ihm halten, und so ist die Kindergartenzeit in den meisten Fällen noch eine weitgehend unbeschwerte Phase voller schöner Erlebnisse.

Wenn man Glück hat, kommt man mit seinen Lieblingsmenschen in dieselbe Schulklasse. Dann hat man hier von Anfang an ein gutes, sicheres Gefühl, auch wenn da viele neue Menschen sind, die einen vielleicht nicht alle mögen und das auch zeigen. Aber oftmals ist es auch so, dass Kindergartenfreunde durch den Beginn der Schule getrennt werden. Möglicherweise geht man auf unterschiedliche Schulen, vielleicht kommt man auch an derselben Schule in unterschiedliche Klassen. Dann kann man sich noch in der Pause sehen, aber leider verlaufen sich die Freundschaften in solchen Fällen oft, weil jeder in seiner Klasse neue Freunde findet.

Die neuen Freunde können auch gute Freunde sein, aber bisweilen entpuppen sie sich auch als keine echten Freunde. Sie drehen sich nach dem Wind und sind immer gerade mit denen befreundet, die am bereitwilligsten das tun, was sie wollen. Das Streben nach Macht und persönlichem Erfolg ist in diesem Alter schon sehr ausgeprägt, wenn seitens des Elternhauses nicht genug getan wurde, um es zu verhindern, bzw. wenn dieses Verhalten sogar erwünscht ist.

Auch werden Menschen zu dieser Zeit schon bewertet und in Schubladen gesteckt, wobei sowohl die zu Hause erlernten Maßstäbe als auch Einflüsse aus den Medien hineinspielen. So schauen Grundschulkinder teilweise schon darauf, ob andere Kinder und deren Eltern bestimmte Statussymbole wie zum Beispiel teure Kleidung oder ein großes Auto besitzen oder ob andere in ihrem Verhalten von dem, was sie selbst für richtig halten, abweichen.

Es bilden sich zum einen Gruppen von vermeintlich Stärkeren, die Schwächere unter Druck setzen oder ausgrenzen, und zum anderen gibt es die Fälle, in denen eine vermeintlich tolle Person sich eine Schar von Gefolgsleuten „hält". Auch beides in Kombination kann vorkommen. Während in den ersten Klassen noch alles harmlos (aber trotzdem schon belastend für die Psyche der „Schwächeren") ist, verschärft sich die Lage zum Ende der Grundschulzeit und nimmt dann an der weiterführenden Schule richtig Fahrt auf. Mobbing aufgrund des Aussehens, des Gewichts, persönlicher Eigenschaften, Vorlieben, Abneigungen, Überzeugungen, der finanziellen Situation, einfach aufgrund irgendeiner Art des Andersseins gehört zum normalen Schulalltag.

Es reicht von **Sticheleien, Gekicher, abschätzigen Blicken und Ignorieren bis hin zu Beleidigungen, körperlichen Angriffen, Erpressungen** und Drohungen.

Die betroffenen Schüler werden **systematisch fertiggemacht**, und zwar meist nicht von einer Person, sondern **von einer Gruppe**, denn zusammen fühlen sich die Mobber stärker. Dabei gibt es meist einen Anführer bzw. eine Person, von der das Mobbing eigentlich ausgeht, und einige begeisterte Mitläufer. Endlich fühlen sie sich anerkannt und können zeigen, dass sie „es drauf haben". Der Rest der Klasse schaut oft weg, denn sie haben Angst, selbst zum Ziel des Mobbings zu werden, wenn sie sich einmischen. Wir sind mitten in der dunkelsten Psychologie angekommen, und das an einem Ort, an dem Weisheit und soziales Miteinander gelehrt werden sollen.

Mobbing ist nichts Neues, auch aus unserer eigenen Schulzeit kennen wir wahrscheinlich Fälle von gemobbten Schülern oder wurden sogar selbst gemobbt. **Was das Ganze heute noch schlimmer macht, als es ohnehin schon ist, ist das sogenannte Cybermobbing. Die „sozialen" Netzwerke unserer modernen Welt bieten einen großen, öffentlichen Raum, um Menschen zu erniedrigen und ihnen jeglichen Lebensmut zu nehmen.**

Was diese neue Art des Mobbings so fatal macht, ist, dass viel mehr Menschen einen mobben können, vollkommen Unbekannte im Netz die Gemeinheiten sehen können und man den erniedrigenden Botschaften nicht entrinnen kann, es sei denn, man tritt aus den Netzwerken aus. Selbst dann bleibt das ungute Gefühl aber, denn man weiß, dass die anderen trotzdem weiter im Internet lästern, und man malt sich aus, was da alles gesagt und geschrieben wird und welche Gemeinheiten sich die dabei aktiven eigenen Mitschüler für den nächsten Schultag ausdenken.

Die wenigsten von Ihnen haben diese Form des Mobbings in der Schulzeit selbst erlebt, da es ein ziemlich neues Phänomen ist. In anderen Situationen ist es Ihnen aber vielleicht im Erwachsenenalter begegnet. Wenn Sie Kinder haben oder haben werden, kommen diese unweigerlich in Kontakt mit Social Media und somit auch mit der Gefahr des Cybermobbings. Als Eltern haben Sie dann wiederum die Aufgabe, Ihr Kind zu stärken und es innerlich zu schützen, auch wenn das äußerlich kaum möglich ist.

Nicht nur Cybermobbing, sondern auch „gewöhnliches" Mobbing können **bei den Betroffenen erhebliche psychische Konsequenzen haben**. Zu nennen seien **beispielsweise Depressionen, Essstörungen, Suchterkrankungen und sogar Suizid**. Auf jeden Fall wird das Selbstbewusstsein aber stark geschädigt, bzw. kann stark geschädigt werden, wenn die betroffenen Kinder und Jugendlichen nicht genug Unterstützung und Liebe durch Familie und Freunde erfahren.

Gegebenenfalls bleibt auch im Erwachsenenalter das Gefühl, nicht gut genug zu sein, und man hat zum Beispiel bei der Arbeit leicht (auch unbegründet) den Eindruck, dass andere Menschen kichern, abwertend gucken oder hinter dem Rücken reden. Es schwebt also ständig eine dunkle Wolke über einem, und diese vermiest einem nicht nur das Leben, sondern veranlasst einen auch dazu, sich so zu verhalten, zu kleiden etc., wie die Norm es vorgibt.

Die dunkle Psychologie spielt ihre Macht aus, die schädigenden Einflüsse unseres Heranwachsens ermöglichen, dass wir weiter geschädigt werden. Die Mobber waren und sind selbst von dunkler Psychologie infiltriert, haben oder hatten Probleme zu Hause und haben verinnerlicht, dass man narzisstisch und machthungrig sein muss, um in unserer Gesellschaft Erfolg zu haben. Sie leben nach dem Motto „Fressen oder gefressen werden" und natürlich fressen sie lieber, als selbst eine mehr oder weniger schmackhafte Mahlzeit abzugeben. Es gibt also zwei Arten, wie dunkle Psychologie Menschen formt: Die einen lassen sich unterdrücken, die anderen unterdrücken selbst.

Beide Gruppen werden jedoch von demselben Motor geleitet, und zwar von der Angst. Die Angst, durch die großen Maschen des Siebs unserer Wirtschaftswelt zu fallen, nicht anerkannt zu werden und nicht genügend Geld zu haben. Das ist allerdings keineswegs eine Entschuldigung für das Verhalten mobbender Menschen, denn es ist ihre eigene Entscheidung, andere für ihr eigenes Vorankommen auszunutzen und zu erniedrigen. Niemand muss jemand anderem etwas Schlechtes tun. Vielmehr sollte jeder aus seinem Inneren heraus wissen, dass man jeden Menschen so behandeln sollte, wie man selbst auch behandelt werden möchte. Es ist ein Zeichen innerer Schwäche, wenn man sich Macht verschaffen will, indem man andere „unterbuttert", genauso wie es auch von innerer Schwäche zeugt, sich unterdrücken zu lassen. Manchmal werden sogar diejenigen, die zuvor unterdrückt wurden, zu Menschen, die andere beherrschen und ausbeuten, sofern sie in die

Position dafür kommen. Sie holen sich dann die Anerkennung, die sie zuvor nicht bekommen haben. **Mobbende Menschen, gleich, ob sie von Anfang an zu den Mobbern gehörten oder selbst gemobbt wurden, versuchen, sich gut zu fühlen, indem sie andere sich schlecht fühlen lassen**. Egal, was in der Psyche dieser Menschen los ist, dieses Vorgehen ist schädigend und gefährlich.

Gemobbte Kinder und Jugendliche mögen oftmals nicht einmal mit ihren Eltern oder Lehrern darüber sprechen, weil es ihnen zu peinlich ist und sie Angst haben, dann noch schlimmer gemobbt zu werden. Stattdessen nehmen sie oft die Sicht von sich an, die die Mobber ihnen eintrichtern. Die Einwirkung ist so stark, dass sich die Wahrnehmung der Realität und somit auch das Verhalten ändern. So wird zum Beispiel ein schlanker Mensch magersüchtig und jemand, der mit Leichtigkeit ein gutes Abitur schaffen könnte, versagt kläglich in der neunten Klasse, da er nicht mehr an sich glaubt und insofern auch nicht mehr lernt. Manche ziehen sich auch einfach „nur" zurück, werden zu Einzelgängern und verlieren das Vertrauen in andere Menschen. Wieder andere reagieren mit Wut, sodass sie als „Problemkinder" erscheinen, obwohl eigentlich die anderen das Problem sind.

Natürlich gibt es auch einige wenige, die stark genug sind, um Mobbing an sich abprallen zu lassen. Meistens werden diese auch nicht lange gemobbt, da sie keine geeigneten „Opfer" darstellen. Mobber suchen sich gezielt Menschen, die sie als angreifbar erachten, und je mehr sie sehen, dass ihr Verhalten eine Wirkung hat, desto mehr mobben sie. Wenn sie aber merken, dass sie sich umsonst abmühen, suchen sie sich lieber ein leichteres Ziel, denn sie wollen sich gut fühlen und nicht wie Versager, die es nicht einmal schaffen, jemanden „ordentlich" zu mobben.

Wenn jeder gemobbte Mensch das wüsste, wäre es um einiges leichter, gegen Mobbing vorzugehen. Man müsste lediglich das herabsetzende Verhalten ignorieren. Das ist aber nicht so leicht, es sei denn, man hat bereits ein sehr hohes Selbstbewusstsein. Schließlich kann Mobbing sehr verletzend und beängstigend sein.

Bei Kindern und Jugendlichen sollte das erwachsene Umfeld frühzeitig erkennen, wenn sie unter dem Einfluss eines solchen schädigenden Verhaltens stehen. Man merkt, wie ein Mensch sich verändert, wenn er dauernd entwürdigt wird. Es ist die Aufgabe der Eltern und Lehrer, auf entsprechende Hinweise am Verhalten und an der Körpersprache zu achten und dann einzugreifen. „Eingreifen" heißt ab der weiterführenden Schule nicht mehr, selbst mit den anderen Eltern den Konflikt zu regeln (es sei denn, es besteht eine echte Bedrohung), sondern dem eigenen Kind Rückhalt zu geben, sein Selbstbewusstsein zu stärken und ihm zu erklären, wie es mit der Situation umgehen sollte (siehe dazu auch die Übungen am Ende des Buches; diese sollten Sie nicht nur selbst, sondern ggf. auch mit Ihren Kindern machen). Es wäre schön, wenn man Mobbing und andere Arten der Unterdrückung und Diskriminierung einfach abschaffen könnte, aber da sie auf egoistischem Streben nach Macht und Erfolg beruhen und genau dieses von der Gesellschaft erwünscht ist, bleibt das wohl ein Traum. Dabei müssten wir uns alle nur an unsere frühe Kindheit erinnern.

Da gab es noch keine Unterschiede zwischen Arm und Reich, verschiedenen Hautfarben, Religionen und Geschlechtern, und es war egal, welche Kleidung jemand trug, welche Sprache er gesprochen hat, wo er wohnte und welche Figur oder Frisur er hatte. Alle waren gleich und alle wollten Gerechtigkeit. Freiheit, Frieden und Zufriedenheit für jeden Menschen könnten so einfach sein. Dennoch schafft es die dunkle Psychologie in jeder Generation erneut, dass Ellenbogendenken, Machtgier und Intoleranz sich durchsetzen, da sie von einem Großteil der Erwachsenen bewusst oder unbewusst weitergegeben werden.

PSYCHOLOGISCHE MANIPULATION AM ARBEITSPLATZ

Was in der Schulzeit begonnen hat, ist mit ihrem Ende nicht etwa vorbei. Auch wenn wir danach eigentlich auf eigenen Beinen stehen und weder von der Gunst unserer Eltern noch der Lehrer abhängig sind, laufen wir trotzdem oder gerade deshalb weiterhin als Marionetten durchs Leben. Denn das Leben auf eigenen Beinen muss irgendwie finanziert werden, und hierfür benötigt man in einer Gesellschaft, in der man zum Überleben Geld braucht, nun einmal einen Job. Aber nicht irgendeinen, sondern einen möglichst guten, bei dem man möglichst viel Geld verdient, um sich möglichst wenige Sorgen machen zu müssen. Doch genau darin liegen oft die Sorgen, denn dafür müssen wir uns verstellen, funktionieren und uns dem Willen anderer fügen.

Mit Ellenbogen nach außen

Zum einen ist da die Wahl des Ausbildungs- bzw. Studienplatzes. Eigentlich sollte man einen Beruf ergreifen können, der den eigenen Interessen entspricht und in dem man zufrieden ist. Schließlich nimmt die Arbeit für einen erwachsenen Menschen im Regelfall einen erheblichen Anteil seiner Zeit ein. Da sollte man doch glücklich sein können, anstatt sich gestresst und gelangweilt durch den Tag zu schlagen.

Aber oftmals spielen leider äußere Einflüsse bei der Berufswahl die entscheidende Rolle - Chancen auf dem Arbeitsmarkt, Bezahlung, Vergünstigungen, Beliebtheit und nicht zuletzt die Wünsche der Eltern. Und dann ist es auch noch so, dass bekanntlich nur eine begrenzte Anzahl Bewerber angenommen wird. Manche Menschen haben das große Glück, dass sie sich ihre Berufsausbildung vollkommen frei nach ihren Vorlieben aussuchen, sei es mit Unterstützung der Eltern oder gegen deren Willen, und aufgrund sehr guter Noten auch noch den Platz bekommen. Das sind aber die wenigsten.

Bewirbt man sich um eine Ausbildungs- bzw. Lehrstelle, kommt noch ein weiterer Faktor hinzu - die „Hackordnung". Jeder will einen der wenigen begehrten Plätze, und so werden kräftig die Ellenbogen eingesetzt und die betreffende Firma kann nach ihrem Belieben aussieben. In allen Bereichen sind egoistische, rücksichtslose Bewerber zwar nicht gern gesehen (zum Beispiel in Sozialberufen), aber da in dem Fall auch die Arbeitgeber manipuliert werden, fällt ihnen das Vorgehen meist gar nicht auf. In vielen Bereichen gilt aber bezüglich Egoismus auch: „Gleich und gleich gesellt sich gern." Ellenbogen sind erwünscht, denn auch die Arbeitgeber sind narzisstisch und fixiert auf ihren Erfolg, egal, was das für andere bedeutet. So funktioniert die Wirtschafts- und Arbeitswelt, und da sind Sie jetzt mittendrin. Irgendwie müssen Sie in diesem Haifischbecken überleben und Ihren Weg machen.

Viele versuchen, selbst zu Ellenbogen-Menschen zu werden, um sich gegen die anderen durchzusetzen und zu Wohlstand zu kommen. Das ist sicher nicht der richtige Weg, denn auf diese Weise schädigt man selbst andere Personen. Der Druck der Gesellschaft ist aber so stark, dass viele sich in ihren Überzeugungen manipulieren lassen. Ein angesehener Job, ein gut gefülltes Bankkonto, ein Haus, ein schickes Auto, Urlaub in fernen Ländern, Unternehmungen am Wochenende, teure Kleidung - all das muss man doch haben, um beliebt zu sein, Freunde zu haben, einen Partner zu finden und „dazuzugehören".

Angst macht sich breit. Ohne solche Statussymbole könnten wir allein dastehen, ganz allein, und alle zeigen mit dem Finger auf uns und rümpfen die Nase. Die meisten Menschen beurteilen andere nach ihrem beruflichen Erfolg, ihrem Geld und ihren Besitztümern. Die Maßstäbe liegen hoch und jeder schaut neidisch auf diejenigen, die mehr haben. Immer höher, schneller, weiter, den Wohlstand im Blick. Wer weniger hat, wird belächelt und mit abwertenden oder mitleidigen Kommentaren bedacht - so kann man das eigene Selbstbewusstsein noch ein bisschen mehr pushen und geht dann mit noch mehr Elan am nächsten Tag zur Arbeit, um dem Chef zu gefallen, damit man vielleicht doch endlich die ersehnte Beförderung bekommt. Das ist der Traum vieler - eines Tages in einer leitenden Position zu sein, um selbst Macht ausüben zu können. Und so spielen Aufstiegschancen schon bei der Berufswahl eine Rolle.

Aus Angst, als Versager zu gelten und am Rande der Gesellschaft zu stehen, werden Ideale wie Respekt und Selbstverwirklichung, die in der Jugend möglicherweise noch bestanden haben, über Bord geworfen. Jetzt zählt nur noch der Erfolg. Mit Ellenbogen kämpft man sich voran, erst die Ausbildung, dann der Einstieg in den Beruf und dann hoch auf der Karriereleiter. Bei Universitätsstudenten wird durch Praktika, Erzählungen von Professoren, Zusatzseminare und Berufsmessen daran gearbeitet, dass auch sie sich schon mal an das „wahre Leben“ gewöhnen. Mit dem Studienabschluss beginnt dann auch für sie der Ellenbogen-Alltag.

Jeder will nach oben, oder dorthin, was er im Rahmen seiner Möglichkeiten als oben betrachten kann. Da entstehen „Freundschaften“, die eigentlich keine sind, nur als Mittel zum Zweck. Es wird gelogen und betrogen, man verleugnet sich selbst und gibt seine ursprünglichen Ziele und Ideale auf. Jeder will etwas vom großen Kuchen abhaben, und zwar nicht nur für den Moment, sondern ein Leben lang.

Dafür spinnt man zur Not auch Intrigen, mobbt die Kollegen und macht alles mit, was der Chef bzw. der Vorgesetzte will. Ehe man den Traum vom eigenen Wohlstand aufgibt, wird man lieber ein Teil der dunklen Machtstrukturen. Je nach Beruf trifft dies mehr oder weniger zu. In einer kleinen Autowerkstatt, Bäckerei oder einem vergleichbaren Betrieb gibt es wenig Aufstiegsmöglichkeiten und somit auch wenig Raum für dunkle Psychologie. Trotzdem herrscht teilweise eine gewisse Konkurrenz unter den Mitarbeitern. Jeder will der Beste sein, um vom Chef gelobt zu werden und sicher zu sein, dass er nicht eines Tages entlassen wird.

Überleben im Haifischbecken

Ist man selbst der Chef, steht man in Konkurrenz mit anderen Betrieben derselben Branche und muss gezwungenermaßen Werbung machen und Kunden bezirzen. Auch das gehört zur dunklen Psychologie, obwohl es etwas ganz Normales und Angesehenes ist. Es ist klar, dass man die eigene Firma absichern will und insofern darum bemüht ist, Kunden anzuziehen und bei ihnen einen guten Eindruck zu hinterlassen.

Geschieht dies auf ehrliche Art, hat man also wirklich gute Leistungen zu bieten, zieht nicht die Konkurrenz durch den Kakao und verspricht nicht etwas, das man nicht halten kann, dann ist das auch vollkommen in Ordnung und kann nicht als dunkle Psychologie eingestuft werden. Anders ist es, wenn man das Blaue vom Himmel verspricht, Kunden über den Tisch zieht und unlautere Tricks einsetzt. Als Chef ist man dafür dann hauptverantwortlich, aber alle Mitarbeiter, die dabei mitmachen (was sie müssen, um ihren Job nicht zu gefährden), sind beteiligt.

Allerdings ist es für sehr kleine Betriebe und Solo-Selbstständige schwer, sich über Wasser zu halten. Da sei der eine oder andere kleine Werbetrick verziehen, solange man niemanden dadurch schädigt. Es geht oftmals um die nackte Existenz und, sofern man Angestellte hat, auch um deren Leben und das ihrer Familien.

Die Konkurrenz ist riesig und viele Kunden vertrauen lieber großen, etablierten Unternehmen als Einzelpersonen oder kleinen Betrieben. Das ist nicht einmal ein Effekt dunkler Psychologie, sondern steckt im Menschen drin. Man strebt nach Sicherheit, und je erfolgreicher ein Unternehmen ist, desto sicherer erscheint es, seine Dienste in Anspruch zu nehmen. Es muss wohl gut sein, sonst wäre es nicht so erfolgreich. Die Größe und Präsenz des Unternehmens werden als Maßstab für den Erfolg gesehen. Aber wie eine Firma sich präsentiert und wie sie wirklich ist, liegt oft weit auseinander.

Opfer sind in dem Fall nicht in erster Linie die Kunden, es sei denn, es wird auch noch minderwertige Qualität abgeliefert. Es trifft vielmehr die kleinen Betriebe und Solo-Selbstständigen, da sie nicht genügend Kunden abbekommen. So endet mancher Traum von der eigenen Firma schnell und schmerzhaft, während andere sich zäh ganz knapp über der Oberfläche halten und dafür sieben Tage die Woche zehn Stunden täglich arbeiten. Jeder Selbstständige, der aufgeben muss, ist für die „großen Fische" nicht nur eine Konkurrenz weniger, sondern auch ein potenzieller neuer Mitarbeiter, von dessen Fähigkeiten sie profitieren und den sie nach ihren Wünschen kontrollieren können. Wer das Geld hat, hat die Macht. Auf der anderen Seite ist man als Selbstständiger abhängig von der Gunst der Kunden bzw. Auftraggeber. Ohne sie läuft gar nichts und da die Konkurrenz groß ist, können sie sich aussuchen, bei wem sie kaufen bzw. wessen Dienstleistungen sie in Anspruch nehmen.

Und so lässt man sich auch hier herumschubsen und an der Nase herumführen. „Der Kunde ist König", heißt es so schön, und manche „Könige" spielen ihre Macht sogar so weit aus, dass sie Leistungen zwar in Anspruch nehmen, aber den Preis drücken oder die Zahlung hinauszögern. Bei einem größeren, „namhaften" Unternehmen würde sich das niemand so einfach trauen. Jeder weiß genau, dass Solo-Selbstständige und Kleinstbetriebe darauf angewiesen sind, dass ihre wenigen Kunden ihnen treu bleiben und nur Gutes über sie erzählen, und so gibt es ein perfektes Druckmittel.

Negatives Betriebsklima

Was die Vorgänge innerhalb eines Betriebes betrifft, gilt: Je größer die Firma, desto höher ist auch die Wahrscheinlichkeit, dass in irgendeiner Weise dunkle Psychologie vorkommt. Die Konkurrenz unter den Mitarbeitern ist schließlich höher, genauso wie die Konkurrenz mit anderen Unternehmen. Der einzelne Angestellte zählt in einem Großkonzern ähnlich viel wie ein Wassertropfen im Ozean, es sei denn, er ist eine unverzichtbare Fachkraft (doch selbst davon gibt es mehrere). Das wissen die Mitarbeiter, und so geben sie alles für den Erfolg. Sie wollen ihren Wohlstand nicht verlieren und sich nicht die Blöße geben, ihrer Familie, ihren Freunden und ihren Nachbarn einzugestehen, dass sie gefeuert wurden. Also versuchen sie, um jeden Preis zu gefallen.

Manch einer, der zu Beginn seiner beruflichen Laufbahn nicht viel mit dunkler Psychologie am Hut hatte, verwandelt sich nach und nach in einen wahren Meister auf dem Gebiet - und zwar, ohne dass er selbst merkt, was mit ihm geschieht. Er ist wie ferngesteuert. Eine Marionette an Fäden eben, gezogen von der Macht des Geldes und der Anerkennung. Manche Firmen arbeiten sogar gezielt daran, sich besonders leicht zu führende Marionetten zu erschaffen.

Die Methode dafür hört sich zunächst einmal gar nicht dunkel an - Persönlichkeitsentwicklung bzw. Persönlichkeitscoaching nennt sich so etwas. Das gibt es tatsächlich auch im Guten und ganz seriös, es wird zum Beispiel von

Psychologen und ausgebildeten Beratern angeboten. In diesem Fall geht es darum, der einzelnen Person zu helfen, sich selbst zu finden und persönliche Schwierigkeiten zu überwinden. Hier soll der Mensch sich also von den Fäden lösen, anstatt sich fester an sie zu knoten.

In Firmen geht es bei solchen Seminaren jedoch nicht um den Einzelnen und erst recht nicht darum, einen eigenen Willen zu entwickeln. Vielmehr werden die Teilnehmer manipuliert, damit sie denken, es sei ihr eigener Wille, für die Firma noch mehr Leistung zu bringen und noch stärker hinter der Firmenpolitik zu stehen. In manchen Seminaren geht es nur um den Zusammenhalt im Team, was im Sinne eines mobbingfreien und somit für alle erträglichen Betriebsklimas positiv zu sehen ist, auch wenn der Hintergedanke natürlich der Erfolg der Firma und nicht wirklich das Wohl der einzelnen Mitarbeiter ist.

Einige Unternehmen gehen jedoch so weit, dass sie ihre Mitarbeiter regelrecht umerziehen, damit sie bereit sind, alles für die Firma zu geben. Und (fast) alle machen mit, weil sie Angst um ihren Job haben. (Am Rande sei bemerkt, dass es im privaten Bereich auch schwarze Schafe gibt, die ebenfalls anstatt der eigenen Persönlichkeit den Erfolgsmenschen trainieren, mit fragwürdigen Methoden arbeiten und manchmal sogar die Hilfesuchenden für ihre eigenen Zwecke ausnutzen. Falls Sie in Erwägung ziehen, ein Persönlichkeitscoaching zu machen, sollten Sie daher lieber Kontakt zu einem Psychologen suchen.)

Nicht jedem Menschen geht es darum, möglichst viel Luxus zu besitzen, sondern manche haben einfach Angst, nicht genug Geld zum Leben zu haben. Diese Angst ist leider nicht unbegründet, denn wenn man nicht mitmacht, wird man leicht aussortiert und steht gegebenenfalls mit nichts da. Oder jedenfalls erst einmal mit weniger.

Es gibt noch Arbeitslosengeld. Hatte man vorher aber ohnehin einen schlecht bezahlten Job, heißt das, dass man nun vielleicht auf wirklich wichtige und liebgewonnene Dinge verzichten muss, weil das Geld dafür nicht reicht. Und es stellt sich die Frage: Wie geht es weiter? Vielleicht bieten sich nur Jobs, die man nicht ausüben möchte, aber gegebenenfalls steckt man in der Bredouille, sie annehmen zu müssen, weil sonst das Arbeitslosengeld gekürzt wird. So eine Situation möchten die meisten gern vermeiden, was sehr verständlich ist. Unter dem Druck der Angst, sein Leben nicht so führen zu können, wie man will, lässt man sich also dazu hinreißen, in der Welt der dunklen Psychologie mitzuspielen - und kann dadurch ebenfalls sein Leben nicht so führen, wie man will. Aber es erscheint als das geringere Übel, sich ein wenig oder auch stark zu verbiegen, um sich finanzielle Sicherheit zu verschaffen. Glücklich wird man auf die Art jedoch sicher nicht, denn das Gefühl, nicht man selbst sein zu können und Methoden anzuwenden, die man im tiefsten Inneren nicht mit seinem Gewissen vereinbaren kann, nagt am seelischen Wohlbefinden.

Nicht jeder setzt aber dunkle Psychologie im Job ein. Die meisten von uns sind vielmehr ihre Opfer. Wo es Mobber gibt, gibt es auch Gemobbte, und wenn etwas im Betrieb schiefläuft, braucht so mancher Chef auch einen Sündenbock, der das Ganze mit reichlich Überstunden wieder ausbügelt und sich dafür auch noch ausschimpfen lässt. Schon in der Ausbildung oder im Praktikum wird man nicht selten systematisch heruntergemacht:

„Können Sie das immer noch nicht? Was ist daran so schwer? Wie wollen Sie es jemals zu etwas bringen? Ich weiß nicht, ob ich Sie übernehmen kann. Sie müssen sich echt mehr anstrengen, sonst werden Sie sicher keine Stelle bekommen." Und so fängt man eher an zu arbeiten als die Kollegen und geht später nach Hause, lässt sich unangenehme Projekte aufhalsen und bringt dem Vorgesetzten den Kaffee. Und so geht es weiter nach der Ausbildung, egal, ob in dieser oder einer anderen Firma. Man ist neu, gerade frisch aus der Lehre, da hat man noch nichts zu sagen. Man muss sich erst beliebt machen, sich anpassen (auch äußerlich) und zeigen, dass man gut funktioniert.

Das Problem ist: Je mehr man sich anpasst und sich alles gefallen lässt, desto mehr wissen die Vorgesetzten und Kollegen, dass sie einen herumschubsen können, wie sie wollen, und nutzen das schamlos aus. Schnell hat man den Stempel „Opfer" auf der Stirn und ist ein geeignetes Ziel für all die Unzufriedenheit und (Selbst-)Verachtung, die sich in den anderen Mitarbeitern angestaut hat. Lästereien, Spott, Ausgrenzung und teils auch wirklich üble „Späße" zermürben den Betroffenen immer mehr, sodass er nach und nach jeglichen Glauben an sich selbst verliert und vielleicht sogar psychische oder körperliche Erkrankungen entwickelt. Durch die psychische Belastung kann man sich außerdem schlechter auf die Arbeit konzentrieren, sodass man unter Umständen Fehler macht und den Mobbern damit noch in die Hände spielt. Sie haben einen genau da, wo sie einen haben wollen.

Aus Angst vor finanziellen Schwierigkeiten hält es viele der betroffenen Menschen länger an einem Arbeitsplatz, als es ihrer Gesundheit guttut, und natürlich sagen sie auch niemandem etwas, denn auch dann müssten sie um ihren Job fürchten. Sie sind ähnlich gefangen in ihrer beruflichen Situation, wie es in einer toxischen Beziehung der Fall ist (nur ohne Liebe): Zu gehen, erscheint unmöglich, doch zu bleiben, verursacht große Qualen.

Auch sie werden an den Fäden der dunklen Psychologie herumgezogen, jedoch ohne dabei selbst wiederum andere Menschen herumzuziehen. Sie sind, zumindest an ihrem Arbeitsplatz, das letzte Glied in der Nahrungskette. Wenn Sie zu diesen Menschen gehören, gilt für Sie umso mehr: Sie müssen sich befreien und endlich selbst Ihr Leben in die Hand nehmen. Es darf nicht sein, dass Sie sich willenlos herumführen lassen. Sie sind keine Maschine, die einfach nur funktioniert, sondern ein Mensch mit einer Seele, einer individuellen Persönlichkeit und einem Wert. Und zwar sind Sie genauso viel wert wie jeder andere.

Alle Menschen sind gleich und die Würde des Menschen ist unantastbar, so heißt es im Grundgesetz. Das heißt im Umkehrschluss, niemand darf gemobbt, diskriminiert oder ausgebeutet werden. Auch für Geld sollten Sie das nicht mit sich geschehen lassen. Lassen Sie sich jedoch bitte nicht dazu hinreißen, selbst jemanden zu mobben, um sich in eine „respektablere" Position zu bringen. So ein Verhalten ist nämlich ganz und gar nicht respektabel und führt sicher auch nicht dazu, dass Sie sich im Inneren wirklich besser fühlen. Es gibt bestimmt eine Möglichkeit, einen besseren Arbeitsplatz zu finden. Einen, an dem man Sie respektiert und wo Sie mit ehrlicher Freude hingehen. Es gibt solche Firmen, in denen ein gutes Betriebsklima herrscht und Ellenbogen nicht gern gesehen werden. Vielleicht gibt es keine Prämien und keinen Firmenwagen, und vielleicht fällt das Gehalt etwas niedriger aus, aber darauf kommt es nicht an. Es kommt darauf an, dass Sie zufrieden sind - und alles Geld kann die Wunden nicht heilen, die Sie durch Mobbing täglich mit nach Hause nehmen.

Auch wenn Sie bisher zu denjenigen gehörten, die selbst die Ellenbogen einsetzen, aber in der Tiefe Ihrer Seele dabei ein ungutes Gefühl verspüren, sollten Sie in sich gehen und gegebenenfalls etwas ändern. Sie müssen sich nicht zur Marionette der Konsumgesellschaft machen und auch die Anerkennung Ihrer Mitmenschen kann Ihnen herzlich egal sein.

Wahres Glück finden Sie nur, wenn Sie mit sich selbst im Reinen sind, Ihre Arbeit Ihnen Spaß macht und Sie guten Gewissens zu jedem Zeitpunkt zu Ihrem Verhalten stehen können. Die Angst, durch die Maschen des großen Schüttelsiebs zu fallen, sitzt bei den allermeisten von uns so tief, dass sie gar nicht darüber nachdenken, dass sie eigentlich nicht auf der Welt sind, um zu funktionieren, sondern um sie selbst zu sein und etwas Gutes zu tun.

Die Maschinerie funktioniert nur, wenn möglichst alle mitmachen, und dies wird erreicht, indem der Druck möglichst hoch ist. Angst nimmt die Fähigkeit zu klarem Denken, und so lassen wir uns ohnmächtig durch die Gegend führen und schuften als kleines Rädchen im Getriebe, ohne irgendetwas zu hinterfragen. Gegen Angst hilft innere Stärke oder mit anderen Worten Selbstbewusstsein. Dieses bedeutet im Gegensatz zu der verbreiteten Fehldeutung des Wortes nicht, dass man sich besonders gut durchsetzen kann, sondern dass man sich selbst kennt und zu sich steht. Selbstbewusst zu sein, heißt, sich nicht verbiegen zu lassen, Negatives an sich abprallen zu lassen und seinen eigenen Weg zu gehen, und zwar ohne den Einsatz von Ellenbogen. Ein selbstbewusster Mensch weiß nämlich auch, was gut und richtig ist, und das ist sicher nicht, ungerecht zu sein und andere um des eigenen Vorankommens willen wegzuboxen.

Versuchen Sie aber nicht, das einem eingefleischten Egoisten oder Narzissten zu erklären, denn er würde das nicht verstehen. Für ihn ist er selbst der Größte und der eigene Erfolg steht über allem. Interessanterweise sind solche Menschen im Inneren gar nicht selbstbewusst und versuchen daher verstärkt, Anerkennung von außen zu bekommen.

Als selbstbewusster Mensch können Sie darüberstehen und einfach lächeln, da Sie wissen, dass nichts und niemand Ihnen Ihre Würde nehmen kann. Sie sind in der Lage, Sie selbst zu sein, auch wenn alle anderen anders als Sie sind und Sie dafür ausgrenzen, denn Sie brauchen nicht deren Anerkennung. Das macht Sie frei. Sie müssen nicht mehr einen bestimmten Job oder eine bestimmte Position haben, um vor anderen „eine gute Figur" zu machen, und Sie sind auch nicht darauf angewiesen, möglichst viel Geld zu verdienen, denn Sie brauchen keine Statussymbole, um „dazuzugehören".

Aus dieser Einstellung heraus können Sie entscheiden: Will ich diese Art von Job ausüben? Will ich genau diesen Arbeitsplatz behalten? Wenn ja, was bin ich dafür bereit, in Kauf zu nehmen? Wenn nein, was möchte ich stattdessen machen?

Selbstbewusstsein taucht nicht einfach aus dem Nichts auf, sondern muss erst gelernt werden.

Dazu haben Sie später mit einigen Übungen die Gelegenheit. Von sofort an sollten Sie trotzdem achtsam in Ihrem Arbeitsalltag sein und beobachten, inwiefern Sie negativen Einflüssen ausgesetzt sind, aber auch, ob Sie nicht doch selbst zu dunklen Methoden greifen (was Sie natürlich vermeiden sollten, sobald Sie es bemerken).

Das öffentliche Leben

DER „GANZ NORMALE" ALLTAG

Es ist leider nicht übertrieben, zu sagen, dass es in allen Lebensbereichen dunkle Psychologie gibt. Wir treffen sogar bei unseren alltäglichen Tätigkeiten und Besorgungen auf sie und auch direkt vor unserer Haus- bzw. Wohnungstür in der Nachbarschaft. Man muss einen Menschen nicht näher kennen oder öfter mit ihm zu tun haben, damit er einen negativ beeinflussen kann. Dafür reicht eine einmalige, kurze Begegnung.

Je mehr solcher (voneinander unabhängiger) Begegnungen man erlebt, desto mehr wird man natürlich beeinflusst. Woran es liegt, dass Menschen, die wir gar nicht oder kaum kennen, auf uns einwirken (wollen)? Weil sie Gelegenheiten suchen, um sich stärker und mächtiger zu fühlen, und weil sie sich selbst und ihre eigene Meinung für das Größte halten. Da wird fleißig Ausschau gehalten nach jemandem, der nicht ins Bild passt, und wenn man auf den ersten Blick keinen „Fehler" erkennt, erfindet man einen.

Man trifft auch immer wieder auf Menschen, mit denen man sich gut versteht, denen man sympathisch ist und die einen dies spüren lassen. Aber es gibt auch die anderen: die Neider, die Missgünstigen, die Besserwisser, die Egoisten, die Hochnäsigen, die Ignoranten und die Hinterlistigen. Gutes Sozialverhalten steht bei diesen Menschen nicht an oberster Stelle.

Nicht jeder mag jeden, das ist ganz natürlich und auch vollkommen in Ordnung. Menschen sind unterschiedlich. Aber jeder sollte jeden trotzdem mit Respekt und Toleranz behandeln. Schließlich hat jeder denselben Wert und dieselbe Würde, unabhängig von seinen Eigenschaften und Lebensverhältnissen. Man selbst möchte auch, dass die anderen höflich mit einem umgehen, daher sollte man in der Lage sein, ebenfalls höflich zu ihnen zu sein. „Leben und leben lassen" sollte die Devise sein. Stattdessen sind sich viele selbst die Nächsten und bessern ihr Ego daran auf, andere zu schikanieren oder zu beleidigen.

Sicher ging es Ihnen schon öfter so, dass Sie noch mit guter Laune losgegangen sind, um zum Beispiel etwas einzukaufen oder spazieren zu gehen, und dann angespannt, niedergeschlagen oder wütend zurück nach Hause gekommen sind. Warum, weiß man meist nur in extremen Fällen. Zum Beispiel, wenn ein Auto vor dem Zebrastreifen nicht gehalten, sondern extra beschleunigt hat, als man gerade ansetzte, über die Straße zu gehen. Oder wenn einen ein Nachbar vor dem Haus abgefangen hat, um einem lauthals zu erklären, dass man doch endlich mal wieder das „Unkraut" am Rande des Grundstücks entfernen sollte oder dass die Kinder beim Spielen im Garten zu laut wären.

Es kann aber auch sein, dass man einfach mal wieder mit so einem gewissen Blick angeguckt wurde, als man an jemand Fremdem vorbeiging, dass jemand verächtlich gekichert hat oder man beim Anstehen an der Kasse einen Stoß von hinten bekommen hat.

Aber auch zu Hause ist man nicht sicher. So mancher Nachbar klopft an die Tür, um seinen Missmut über irgendetwas mitzuteilen, oder kippt einem eine Ladung Müll vor die Ausfahrt. Vielleicht schaut er auch einfach mit kritischem Blick über den Gartenzaun bzw. vom Nachbarbalkon, oder er fängt rein zufällig an zu grillen, als man gerade frische Wäsche aufgehängt hat.

Vielleicht haben Sie sogar einen Nachbarn, der Sie wegen irgendeiner Banalität anzeigt. Möglicherweise sind Sie auch nicht direkt das Ziel von Nachbars Missgunst, sondern er sieht Sie als guten Gesprächspartner, um über jemand anderen zu lästern. Auch das hinterlässt ein ungutes Gefühl, und dann steht man auch noch vor der Frage, wie man reagieren soll.

Sollte man mitlästern, um sich selbst zu schützen? Nein, das ist gar keine gute Idee. Erstens tun Sie Ihrem Gewissen damit nichts Gutes und zweitens weiß man nie, ob der Lästerer nicht anschließend zu dem anderen Nachbarn geht und ihm erzählt, dass Sie über diesen gelästert haben. Wenn Sie dem Lästerer sagen, dass er nicht lästern sollte, können Sie allerdings sicher sein, dass er demnächst über Sie lästern wird. Also besser entweder einfach lächeln und auf Durchzug schalten oder (noch besser, weil Sie dann nicht Ihre Zeit damit vergeuden) sich unter einem Vorwand freundlich entschuldigen.

Es gibt auch noch die Angeber, die mit ihrem Besitz protzen und auf diejenigen herabsehen, die nicht „mit ihnen mithalten" können. Mein Haus, mein Auto, mein Pool, mein Job, meine Überflieger-Kinder, mein supergepflegter Rasen, mein Urlaub, mein was auch immer. Hauptsache, „besser" als andere und das auch bei jeder

Gelegenheit herausstellen, damit bloß keine Zweifel aufkommen. Auch hier sollte man einfach lächeln, sich nicht darum kümmern und sich still seinen Teil denken. Der Fehler ist, sich emotional oder gedanklich auf solche Vorgänge einzulassen, denn dann können sie einen beeinflussen. Was Ihnen egal ist, kann Ihnen keine schlechten Gefühle verursachen und Sie auch nicht dazu bringen, sich anders zu verhalten, als Sie es selbst tun wollen.

Gleichgültigkeit gegenüber herabsetzendem Verhalten ist leichter gesagt als getan, denn man spürt automatisch einen Stich in sich und fühlt sich klein und wertlos. Auch wenn es nur ein Moment ist, man speichert es trotzdem ab, und da man seit der Kindheit viele solcher Momente erlebt hat, ist dieser Speicher ziemlich voll. Das bedeutet, er kann einen großen Einfluss auf unser Denken, Fühlen und Verhalten nehmen, ohne dass wir uns dessen überhaupt bewusst sind.

Wir achten zum Beispiel darauf, wie wir aussehen, wenn wir vor die Tür gehen, kaufen unsere Kleidung, Handys, Autos etc. mit dem Hintergedanken, einen guten Eindruck damit zu machen, gestalten unser Haus und unseren Garten so, dass auch die Nachbarn damit zufrieden sind, oder verleugnen unsere eigentlichen Interessen und üben lieber ein allgemein beliebtes Hobby aus. Merkwürdigerweise geht man selbst höflich zur Seite, wenn jemand an einem vorbeigehen möchte, und hält anderen die Tür auf, aber wenn wir selbst irgendwo vorbei wollen oder hinter jemandem durch eine Tür gehen müssen, wird uns dieser Respekt nicht zuteil.

Leider lassen wir uns aber auch teilweise dazu hinreißen, mit dem Denken, das wir von anderen übernommen haben, wiederum über andere zu urteilen, die nicht der Norm entsprechen. Wieder einmal sind wir also in einem Netz dunkler Psychologie gefangen. Um sich daraus zu befreien, sollten Sie nicht nur lernen, gelassen mit respektlosem Verhalten anderer umzugehen, sondern auch sich selbst beobachten und darauf achten, dass Sie sich höflich und tolerant gegenüber allen verhalten – auch gegenüber denjenigen, die sich nicht respektvoll benehmen, denn Gleiches mit Gleichem zu vergelten, ist niemals eine gute Lösung.

Schaffen Sie sich einfach ein „dickes Fell" an, stärken Sie Ihr Selbstbewusstsein und machen Sie so weit wie möglich einen Bogen um solche Leute. Es braucht Sie nicht zu interessieren, was diese Personen über Sie denken. Wenn Sie sich damit beschäftigen, egal, auf welche Art, haben die anderen schon gewonnen. Das ist es, was diese Leute wollen – dass sie im Mittelpunkt stehen und andere sich schlecht fühlen. Wenn sie merken, dass ihre Angriffe keinen Erfolg haben, geben sie meist nach einiger Zeit von selbst Ruhe und suchen sich ein leichteres „Opfer". Und selbst wenn nicht, haben sie trotzdem keine Macht über Sie, solange Sie einen inneren Schutzwall haben.

Zu den Nachbarn und zufälligen Kontakten auf der Straße kommen aber noch allerhand andere Bereiche des alltäglichen Lebens hinzu, in denen wir immer wieder auf negative Energien treffen. Banken, Versicherungen, Ämter, Behörden, Energieversorger, Telefonanbieter, ggf. Vermieter oder die Hausverwaltung, vielleicht auch Anwälte oder Ärzte. Wenn wir Kinder haben, haben wir außerdem regelmäßig direkt oder indirekt mit deren Lehrern bzw. Erziehern und mit anderen Eltern zu tun. In all diesen Situationen gilt ebenfalls als oberstes Prinzip: Immer gelassen und selbstbewusst bleiben, die Dinge nicht innerlich an sich heranlassen und sich nicht verunsichern lassen.

Denken Sie immer daran, dass nichts und niemand Ihnen Ihre naturgegebene Würde wegnehmen kann. Gehen Sie erniedrigenden Situationen möglichst aus dem Weg, denn schön sind diese auch für einen gelassenen, selbstbewussten Menschen nicht. Oft wird es aber auch nicht möglich sein. Wenn Sie dann mal wieder dieses angespannte, bedrängte, ungerechte Gefühl verspüren, atmen Sie durch und sortieren Sie Ihre Gedanken und Gefühle. Je ruhiger Sie sind und je mehr Sie den Durchblick haben, desto weniger beeinflussbar sind Sie. Lassen Sie sich zu nichts drängen und lassen Sie auch nicht Ihrer Wut freien Lauf, denn das bringt nichts.

Wenn es zum Beispiel nur um ein Gespräch unter Eltern geht, bei dem die anderen mal wieder alles besser wissen, die anderen Kinder die netteren und intelligenteren sind und Ihr Kind und Sie mal wieder alles falsch gemacht haben, dann stellen Sie Ihre Ansicht einmal sachlich dar und beenden dann höflich das Gespräch. Haben Sie einen Arzt, der Sie zu einer Behandlung oder Medikation überreden will, von der Sie selbst nicht überzeugt sind, suchen Sie sich einen anderen, mit dem Sie auf einer Wellenlänge liegen. Vertritt ein Anwalt Sie unzureichend oder haben Sie den Eindruck, dass er eher auf der Gegenseite zu stehen scheint, entziehen Sie ihm das Mandat und suchen sich einen besseren Juristen.

Ist Ihr Internetanbieter unfreundlich, wechseln Sie zu einem anderen. Geht es um eine Entscheidung, wie zum Beispiel über den Abschluss einer Versicherung, eines Stromvertrages oder eines Bankdarlehens, behalten Sie einen klaren Kopf und treffen Sie Ihre eigenen Entscheidungen mit Ihrem eigenen Verstand. Der betreffende Mitarbeiter wird sicher mit allen Tricks daran arbeiten, Sie von dem Geschäft zu überzeugen, und dabei auch mit Ihren Ängsten und Sehnsüchten arbeiten.

Lassen Sie sich nichts aufschwatzen, sondern beurteilen Sie selbst in Ruhe die Vor- und Nachteile. Am besten ist es, nichts sofort zu unterschreiben. Sie sollten sich immer Bedenkzeit erbitten und zu Hause mit Ihrem eigenen Verstand die Vor- und Nachteile erwägen. Wenn Sie doch etwas unterschrieben haben und hinterher erkennen, dass Sie sich nur haben überreden lassen und jetzt unnötige Kosten auf Sie zukommen, lassen Sie sich nicht beirren und beharren Sie auf Ihrem Recht, den Vertrag zu widerrufen (was allerdings nur innerhalb einer gewissen Frist möglich ist).

Vergessen Sie auch niemals, das Kleingedruckte bzw. die allgemeinen Geschäftsbedingungen sowie die Widerrufsbelehrung in aller Ruhe zu lesen - dies versuchen Anbieter oft mit allerhand Tricks zu vermeiden, weil sich dort zum Beispiel eine automatische Vertragsverlängerung, eine Preiserhöhung nach einer bestimmten Zeit und ähnliche Dinge verbergen.

Es gibt aber auch noch extremere Situationen, in denen Sie wirklich der Macht anderer Menschen bzw. Unternehmen oder Institutionen ausgeliefert sind. Vielleicht läuft es finanziell mal schlecht und Sie müssen darum betteln, dass Ihr Konto oder Ihre Stromversorgung nicht gesperrt wird, oder Sie haben einen Kredit aufgenommen und können vorübergehend die Raten nicht bezahlen. Die andere Seite sitzt in solchen Fällen am längeren Hebel und kann, wenn sie will, ihre Macht voll ausspielen und Sie unter Druck setzen. Es ist für solche Stellen nicht verständlich, dass jemand gerade wirklich kein Geld hat, und wer nicht bezahlen kann, gilt als Versager und wird entsprechend geringschätzig behandelt.

In der Panik, die teilweise erzeugt wird, versuchen Betroffene nicht selten, bestehende Schulden durch einen weiteren Kredit abzuzahlen oder sich privat Geld zu leihen und geraten so immer mehr in die Falle. Dies sollten Sie tunlichst vermeiden. Wenn Sie sachlich bleiben, Ihre Situation erklären und der betreffenden Stelle einen vernünftigen, für Sie realistischen Vorschlag machen, haben Sie vielleicht Glück und die Sache regelt sich zum Guten bzw. Erträglichen. Das kommt oft auch auf den Mitarbeiter an, der Ihre Angelegenheit gerade bearbeitet. Manche sind hilfsbereit und verständnisvoll, andere kosten es aus, über jemanden die Macht zu haben und ihn erniedrigen zu können. In jedem Fall sollten Sie die Sache nicht innerlich an sich heranlassen. Vielleicht können Sie negativen äußeren Umständen nicht entgehen, aber wirklich schlimm wäre es, wenn Sie sich dadurch innerlich zerstören lassen. Dann haben Sie keine Kraft mehr, um Lösungen für einen guten Ausweg zu finden und lassen sich in allen Lebensbereichen schnell herunterziehen. Bewahren Sie in jeder Situation Ihre innere Stärke. Sie ist der beste Schutz, den Sie haben können.

Und was außerdem wichtig ist: Schämen Sie sich nicht, wenn Sie Probleme haben. Ja, es gibt leider Menschen, die andere schief angucken und sich über sie lustig machen, wenn sie finanzielle Schwierigkeiten haben, aber deren Ansicht sollten Sie sich nicht anpassen. Es kann jedem passieren, dass er in eine Notlage gerät, und niemand möchte mit seinen negativen Gedanken und Ängsten allein sein.

Sie haben in Ihrer Familie und im Freundeskreis sicher liebe, vertrauenswürdige und verständnisvolle Menschen, bei denen Sie sich Ihre Sorgen von der Seele reden können. So ein Rückhalt und offener Umgang sind wichtig, denn dadurch befreien Sie sich ein Stück weit aus den Fängen der dunklen Psychologie. Diese lebt unter anderem davon, Menschen zu isolieren. Allein ist man unsicher und angreifbar, sodass man leicht manipuliert und unter Druck gesetzt werden kann. Sich über Personen zu ärgern, die nicht einmal davor zurückscheuen, das Leben eines Menschen oder einer gesamten Familie zu ruinieren, oder zu versuchen, sie zu einem besseren Verhalten zu bekehren, ist leider vergeudete Energie. Selbst wenn es sich um jemanden handelt, der nur durch Erfahrungen und Einflüsse fehlgeleitet wurde, werden Sie nicht in einem Gespräch seine Überzeugung ändern können. Für den einzelnen Betroffenen bleibt also nur, sich innerlich stark zu machen und äußerlich eine möglichst gute Lösung zu finden. Für alle, die nicht im Kern geld- und machtgierig sind, bleibt die Hoffnung, dass es irgendwann in der Zukunft einmal wirklich gerecht auf der Welt zugeht, indem negative Einflüsse nicht weiter in die nächsten Generationen übertragen werden. Nun ist uns allmählich aber wirklich düster zumute. Nach diesen Horrorszenarien, die hoffentlich für Sie nicht in der Realität eintreten, möchte ich Ihnen noch etwas zur Aufheiterung mitgeben. Dunkle Psychologie im Alltag kann nämlich bisweilen auch wie Comedy anmuten, wenn man ein wenig gelassen ist und nicht alles, was andere bei zufälligen Begegnungen in eher banalen Situationen tun, so ernst nimmt. Betrachten Sie die Sache mit etwas Abstand und stehen Sie darüber, so wie in den folgenden Beispielen.

Sie suchen einen Parkplatz und endlich haben Sie auch einen gefunden. Aber jemand anderes will schneller sein, hat das größere Auto und einen gehässigen Gesichtsausdruck. Normalerweise würden Sie sich wahrscheinlich darüber aufregen, dass er Ihnen den Parkplatz wegschnappen will, zumal es der einzige ist und Sie schon lange suchen. Vielleicht würden Sie auch versuchen, doch noch vor ihm in die Parklücke zu kommen. Tun Sie beides nicht, sondern lassen Sie ihm den Parkplatz. Mit seinem großen Auto wird er Schwierigkeiten haben, dort einzuparken, und Sie können sich zurücklehnen und die Show genießen. Er wird vor und zurück rangieren und dabei immer wütender werden. Seine Wut lässt er wahrscheinlich an Ihnen aus, indem er Ihnen den Mittelfinger zeigt. Dabei passt er aber nicht mehr auf, wohin er fährt, und schon kracht es. Das kommt davon... Er hat nun zwar einen Parkplatz, aber auch ein Problem. Für Sie bietet sich bestimmt bald ein anderer Parkplatz, und da Sie ein kleines Auto fahren und niemandem etwas zuleide tun, werden Sie sicher ganz einfach ohne Beule oder Kratzer hineinfahren und auch bequem aussteigen können.

Im Supermarkt bildet sich an der einzigen geöffneten Kasse eine lange Warteschlange. Darin befinden sich wütende, drängelnde Kunden, die es eilig haben, sich unheimlich wichtig finden und mit den Einkaufswagen schubsen. Dazu hat der Kassierer noch schlechte Laune, was man vielleicht verstehen kann. Nun werden Sie selbst noch angerempelt. Dann fängt jemand an zu lästern, erst über den überforderten Mitarbeiter an der Kasse und dann über Sie. Wie Sie so ruhig sein können, Sie müssten wohl Zeit haben. Wahrscheinlich arbeitslos, Sie sind sonnengebräunt und lässig gekleidet, immer Freizeit auf Staatskosten. Und überhaupt, was Sie da so im Einkaufswagen haben, wahrscheinlich kein Geld für Fleisch. Man muss doch Fleisch essen, hat der Arzt gesagt. Da Sie nicht reagieren, wird getuschelt, ob Sie vielleicht taub sind. Lächeln Sie einfach stillvergnügt vor sich hin und nicken zu einer Musik, die Sie innerlich hören. Ruhen Sie in sich selbst und lassen Sie sich nicht dazu aufstacheln, in irgendeiner Weise auf diese Leute zu reagieren. Genießen Sie einfach, wie sie sich künstlich aufregen. Mit Ihrer gelassenen, humorvollen Art muntern Sie vielleicht sogar noch den Kassierer auf.

Sie gehen einen Fußweg entlang und sehen, dass eine größere Gruppe von Menschen herumsteht und Ihnen den Weg versperrt. Vorbeizugehen ist unmöglich. Sie bitten die Leute höflich, Sie durchzulassen, aber diese zeigen keinerlei Reaktion. Es scheint, als ob sie Sie gar nicht gehört hätten. Sie wiederholen die Bitte etwas lauter, aber immer noch freundlich, dann ein weiteres Mal. Nichts bewegt sich. Sie scheinen Luft zu sein. Die Gruppe sieht nur sich selbst, hört nur sich selbst und findet sich augenscheinlich unheimlich wichtig, obwohl nur über Banalitäten und Unsinn geredet wird. Seien Sie nicht deprimiert, kehren Sie nicht um und gehen Sie auch nicht durch die große Matschpfütze am Wegesrand. Gönnen Sie diesen Menschen nicht den Spaß, Sie in einer unterlegenen Position zu sehen. Diese selbstverliebten Personen haben Sie sicher bemerkt, es geht gar nicht anders. Sie stehen da gut sichtbar und haben mehrfach in vernehmlichem Ton um Durchlass gebeten. Offensichtlich lassen sie Sie mit Absicht nicht durch und kosten die Situation aus. Wie aber reagieren? Tun Sie etwas, das keiner erwartet. Stellen Sie sich einfach dazu, lächeln Sie und nehmen Sie am Gespräch teil (sofern von den Leuten keine Gefahr ausgeht). Genießen Sie die verwunderten Blicke, während man Ihnen nun doch Platz macht. Gehen Sie dann freundlich hindurch und verabschieden Sie sich mit den Worten: „Bis zum nächsten Mal.“ Zufrieden darüber, dass Sie diesen unhöflichen Menschen nicht nachgegeben, sondern sie mit Ihrer Gelassenheit verblüfft haben, gehen Sie Ihres Weges. Und so hat sich wieder ein eigentlich negatives Ereignis zu einer schönen Erinnerung gewandelt. Sie sehen, wie sich die Dinge verändern, wenn Sie anders mit ihnen umgehen. Dunkle Psychologie bekommt Macht über Sie, indem Sie ihr Macht geben. Lassen Sie sie hingegen an sich abprallen, kann sie Sie weder herunterziehen noch zu etwas bringen, das Sie nicht wollen.

DIE MACHT DER WERBUNG

Wenn man über dunkle Psychologie bzw. Manipulation spricht, denkt man natürlich automatisch an das Thema Werbung. Werbung begleitet uns überall, wir können ihr nicht entkommen. Hier ein Plakat, da ein Flyer, ein Schild, eine Leuchtreklame, ein Prospekt, eine Zeitungsbeilage, ein Spot im Kino, im Fernsehen, im Radio, eine Anzeige oder ein Pop-up im Internet. Es gibt sogar eigene Fernsehsender für Werbung, und in Einkaufspassagen oder Kaufhäusern stehen hin und wieder Personen, die neue Produkte bewerben und zum Testen anbieten.

Jedes Unternehmen will seine Waren oder Dienstleistungen an Frau, Mann oder auch Kind bringen, man überbietet sich mit Sonderangeboten und Rabatten. Da wird mit Musik begleitet, freudig und begeistert gerufen, gelächelt, gelacht und die Notwendigkeit des Kaufs dieser Produkte oder Leistungen mit verschiedenen Mitteln suggeriert.

Prominente werden eingesetzt, schöne, erfolgreiche Menschen (oder solche, die es vorgeben) machen uns vor, dass wir auch so schön und erfolgreich sein können, wenn wir nur diese Produkte kaufen oder diese Leistungen in Anspruch nehmen. Mit anderen Worten, ein Unternehmen möchte mit aller Macht und mithilfe psychologischer Tricks an unser Geld und uns glauben machen, dass wir auf diese Art glücklich werden.

Nun ist nicht jede Werbung schlecht. Es gibt auch informative Werbung für gute Zwecke, umweltfreundliche Produkte, Hilfsorganisationen, soziale Einrichtungen etc. Hierbei geht es nicht um den Profit, sondern um gemeinnützige Hilfe oder verantwortungsvolles Handeln. Auch diejenigen, die sich um andere kümmern und dafür auf Unterstützung angewiesen sind, müssen irgendwie auf sich aufmerksam machen. Ganz ohne Werbung geht es nicht. Man kann jede Art von Werbung als Beeinflussung sehen, jedoch gibt es einen Unterschied zur Manipulation, wie sie im Großteil der sonstigen Werbung stattfindet.

Informative Werbung, die einem guten Zweck dient, arbeitet ehrlich und mit sauberen Mitteln. Sie will nur auf etwas aufmerksam machen, das wir wissen sollten und das wir zum Wohle der Allgemeinheit möglichst unterstützen bzw. fördern sollten, sofern wir es finanziell oder mit eigener, aktiver Mitarbeit können.

Bei normaler Werbung im Alltag sind wir auch oft froh, wenn wir von einem Sonderangebot erfahren, weil es sich dabei um Produkte handelt, die wir sowieso kaufen. Dass man sich zum Beispiel bei den Supermärkten bzw. Discountern zum Teil an Angeboten überbietet bzw. an Preisen unterbietet, ist uns auch ganz recht. Der einzige Trick dabei ist der Preis an sich, denn solche Angebote finden sich einfach nur mit Abbildung des Produktes und des Preises in einem Prospekt oder werden kurz unter Angabe des Produktnamens und des Preises im Radio durchgesagt.

So gesehen handelt es sich lediglich um eine Information. Solange wir nur die Produkte kaufen, die normalerweise auf unserem Einkaufzettel stehen und uns nicht verführen lassen, mehr zu kaufen, als wir verbrauchen können, oder andere Produkte auszuprobieren, nur weil sie uns gerade so schön günstig angeboten werden, können wir viel Geld sparen. Auf Sonderangebote zu achten, kann einem ein bisschen mehr Freiheit und Ruhe geben, da man das eingesparte Geld nutzen kann, um es sich zurückzulegen, davon etwas Schönes zu unternehmen oder ein bisschen weniger zu arbeiten und somit mehr Freizeit zu haben.

Aber oftmals lassen wir uns von Angeboten verführen. Es ist auf einmal gar nicht mehr billig, wenn man eine Riesenmenge oder diverse unnötige Sachen gekauft hat. Dann wirft man am Ende die Hälfte weg oder, wenn es unverderbliche Dinge sind, stehen oder liegen sie nutzlos herum. Also haben wir viel Geld verschwendet, weil wir auf die Werbung hereingefallen sind.

Eigentlich glaubten wir uns doch immun gegen solche Verführungen, aber nun hat es uns doch erwischt. Jeder wurde schon einmal zum Kauf unnötiger Dinge verleitet. Bei den Supermarktangeboten hält sich das meist noch im überschaubaren Rahmen, aber die Produkte, die uns mit groß angelegten Kampagnen, Slogans, Spots, trickreich inszenierten Bildern und Versprechungen angeboten werden, brauchen wir in den allermeisten Fällen wirklich nicht und sie kosten uns trotz Angeboten eine Menge Geld.

Hinzu kommt noch, dass wir so verführt werden, an der Wegwerfgesellschaft teilzunehmen. Wer benötigt alle paar Jahre ein neues Handy? Wer braucht einen riesigen Fernseher? Wer muss jedes Jahr in jeder Saison neue Kleidung haben? Wer braucht ein neues Auto, solange das alte noch fährt? Wer muss einen perfekt enthaarten Körper haben? Wer benötigt schon wieder eine neue Wohnungseinrichtung? Wer muss Fast Food essen? Die Liste ließe sich unendlich fortsetzen. Schauen und hören Sie mal kritisch auf die Werbung und fragen Sie sich: Was davon ist wirklich nötig? Zu den absolut unnötigen Dingen kommt auch in Fernsehen, Internet & Co. natürlich Werbung für die alltäglichen Produkte, die man im Supermarkt kaufen kann. Dann sind es die Hersteller der Produkte selbst, die Sie mit allen Mitteln beeinflussen wollen, dass Sie genau ihr Produkt und nicht ein gleichwertiges, vielleicht sogar günstigeres und besseres Produkt einer Konkurrenzfirma kaufen.

Eigentlich weiß jeder, dass Werbung uns austricksen will, und trotzdem fallen sehr viele von uns zumindest hin und wieder darauf herein. Wie kann das sein? Ganz einfach: Trotz aller Offensichtlichkeit schafft es die Werbung durch psychologische Manipulation, unser Unterbewusstsein zu beeinflussen und auf unser Kauf- und Konsumverhalten einzuwirken. Wir sehen dort (vermeintlich) glückliche Menschen, die sich anscheinend um nichts Sorgen machen müssen, vollkommen unbeschwert sind und ihr Leben genießen. Das alles erstrahlt in leuchtenden Farben, wird von beschwingter Musik begleitet und durch einprägsame Worte untermalt, die in eindringlichem, aber zugleich freundlich und vertrauenswürdig klingendem Ton vorgetragen werden. Wie wunderschön die Welt doch ist und wie gut diese Firma es doch mit uns meint, dass sie uns ein Produkt zur Verfügung stellt, mit dem unsere Welt auch so wunderschön werden kann. Dieses Glück wollen wir auch, und so laufen wir schnell in den nächsten Laden, um es zu kaufen, oder bestellen es im Internet. Dabei denken wir nicht daran, dass wir gerade Opfer einer Manipulation geworden sind.

Wir denken, wir tun uns, unserer Gesundheit, unserem Erfolg, unserem Ansehen, unserer Familie oder unserem seelischen Wohlbefinden etwas Gutes, denn so wurde es uns suggeriert. Durch psychologische Tricks in der Werbung werden wir tief im Inneren „umgedreht". Nur, wer sehr gefestigt ist und sehr bewusst auf all seine Gefühle und Verhaltensweisen achtet, fällt nicht so leicht darauf herein. Werbung arbeitet mit unseren tiefsten Sehnsüchten und Ängsten.

Das, was wir haben oder sein könnten, wird uns in Verbindung mit dem beworbenen Produkt gezeigt - was also denkt unser Unbewusstes? Genau: Wenn ich dieses Glück erreichen will, muss ich das kaufen. Aber auch, und das ist noch schlimmer: Wenn ich dieses Produkt nicht kaufe, kann ich dieses Glück nicht erreichen. Oftmals wird uns außerdem noch subtil eingeredet, dass wir dieses Produkt benötigen, um von anderen anerkannt zu werden, zum Beispiel, indem in der Werbung mehrere Personen vorkommen, unter denen die, die das Produkt besitzen oder verwenden, von den anderen bewundert werden oder Zuneigung bekommen. Also denkt unser ausgetrickstes Unbewusstes, das sich nach Liebe und Anerkennung sehnt: Wenn ich das Produkt nicht habe, dann mag mich keiner und ich bin ganz allein. Niemand möchte gern ein Außenseiter sein. Wieder ein Punkt für die Werbung.

Hier sieht man auch, wie sehr die Werbung unsere Gesellschaft beeinflusst und wie die Werbung wiederum von der Einstellung der Gesellschaft profitiert. Die Menschen haben das Bild aus der Werbung übernommen, dass man gewisse Produkte benötigt und gewisse Dinge tun muss, um beliebt zu sein, und so werden Menschen danach beurteilt, ob sie diese Produkte besitzen oder diese Dinge tun. Um welche Produkte bzw. Dinge es geht, ändert sich immer wieder, je nachdem, was gerade angeboten wird. Die Grundeinstellung jedoch ist seit der Erfindung der Massenwerbung gleichgeblieben. Würden nun aber alle Menschen sagen, dass sie sich ab sofort nicht mehr darum kümmern, was jemand besitzt, wie er aussieht usw., würde die Werbung in die Röhre gucken. Dafür müsste diese Einstellung aber erst einmal in der Mehrheit der Köpfe entstehen. Das tut sie aber nicht, denn viele können sich der Macht der Werbung nicht entziehen, und diese wirkt auch unter den Menschen weiter.

Erst hat einer etwas Neues, dann wollen seine Freunde es auch haben, dann deren Freunde und so weiter. Und plötzlich gehört der eine nicht mehr dazu, der es noch nicht hat. Kurze Zeit später spielt sich das Gleiche ab, denn es gibt wieder ein neues Produkt. Jetzt will der ehemalige Außenseiter aber dazugehören und ist einer der Ersten, die sich das neueste „Must-have" kaufen. Und so geht es immer weiter. Ein Umdenken hat in den letzten Jahren teilweise trotzdem stattgefunden - doch auch hierfür hat die Werbung schon wieder einen Trick parat. Sobald die Marktforscher einiger Unternehmen erkannt haben, dass die Konsumenten nicht mehr so stark auf bestimmte Markennamen oder Statussymbole achten, kehren sie den Spieß einfach um - es werden neue Statussymbole erschaffen, die damit beworben werden, dass sie keine Statussymbole sind. Auch beliebt ist, den Konsumenten dazu aufzufordern, doch mal etwas „anders" zu machen als die anderen und seine Individualität auszuleben - mit einem Produkt, das dann alle kaufen.

Und das Schlimme ist, so simpel die Werbetricks auch sind, wir fallen trotzdem (fast) alle darauf herein. Noch schlimmer ist allerdings, dass wir bzw. die Mehrheit von uns dieses Verhalten unseren Kindern vormachen, und dass diese in ihrer noch nicht abgeschlossenen Identitätsentwicklung besonders anfällig dafür sind, ihre Gefühle nicht steuern und nicht einschätzen können, was von Bedeutung und was unnötig oder schädlich ist.

Als kleine Kinder verfallen sie den kitschigsten Spielzeugen und Süßigkeiten, und so mancher entnervte Elternteil kauft die Sachen einfach, damit das Kind endlich aufhört, zu weinen und zu schreien. Nicht nur durch Werbemedien, sondern auch durch Marketingstrategien der Geschäfte werden schon die Kleinsten zu hemmungslosem Konsum erzogen. Dass es die ganzen bunten Lollis, Fruchtgummis, Schokoladenprodukte und mehr gibt, reicht nicht. Man muss sie auch so präsentieren, dass sie in Reichweite der Kinder bzw. auf ihrer Augenhöhe liegen, wobei die neuesten „Erfindungen" auch noch in eigens von den Herstellern mitgelieferten bunten Aufstellregalen präsentiert werden müssen.

Aber da geht es uns Erwachsenen nicht viel anders - ist Ihnen schon einmal aufgefallen, dass man die günstigen Produkte oft ewig sucht und dabei über reichlich Dinge stolpert, die man noch nie zuvor gesehen hat, die gar nicht günstig sind und die man dann kauft, obwohl man es eigentlich nicht wollte, weil sie nun einmal (statt des eigentlich gesuchten Produkts) direkt vor der Nase lagen? Findet man auf dem Weg zur Kasse dann per Zufall doch noch das, was man ursprünglich wollte, packt man die anderen Sachen natürlich nicht wieder aus. Erstens würde das bedeuten, dass man noch mal zurück durch den Laden muss oder an der Kasse Aufsehen erregt, wenn man die Waren einfach dem Kassierer in die Hand drückt, mit den Worten: „Das habe ich versehentlich mitgenommen, weil ich meine Produkte im Wirrwarr der Konsumwelt nicht gefunden habe." Zweitens ist man doch irgendwie neugierig, was das nun wieder tolles Neues ist.

Oftmals ist es gar nicht so besonders, und wenn doch, hat man zukünftig einen weiteren Artikel, den man regelmäßig kaufen „muss". Als Erwachsener sollte man eigentlich wissen, was man tut, und doch gelingt es der Werbung und dem Marketing immer wieder, einen in die Falle zu locken.

Aber zurück zu den Kindern. In der späteren Kindheit und Jugend geht es weiter mit der Fokussierung auf den Konsum - hier definieren sich viele nur durch Kleidung, Handys, Spielekonsolen etc. Ohne diesen äußeren Schein würden sie sich für wertlos halten, und als genau das sehen sie die Gleichaltrigen, deren Eltern nicht so viel Geld haben, um ihnen alles zu kaufen, oder die bei der Konsumgesellschaft nicht mitmachen wollen.

Anstatt nun einfach zu akzeptieren, dass Menschen unterschiedlich sind, und das eigene Konsumverhalten zu überdenken, wird das „Selbstbewusstsein" noch dadurch aufgebessert, dass diejenigen, die nicht der Werbewelt verfallen sind, ausgegrenzt und gemobbt werden. „Pass dich an und konsumiere fleißig oder du wirst ein unglückliches Leben führen", mit dieser Botschaft im Kopf wachsen unsere Kinder heran und werden so dazu gebracht, mit der Norm zu gehen, zum Wirtschaftswachstum beizutragen und zur Finanzierung all dessen, was sie vermeintlich brauchen, in einem möglichst gut bezahlten Job zu funktionieren.

So ist es uns ergangen und deshalb befinden wir uns jetzt in den Fängen der dunklen Psychologie, doch für unsere Kinder könnten wir es noch ändern. Wenn man sich nicht von der Werbung verführen ließe, hätte man ein sehr viel freieres, entspannteres Leben. Man müsste nicht ständig irgendwohin oder die Seiten eines Versandhandels durchforsten, um die begehrten Produkte zu ergattern.

Man müsste nicht immer wieder die „alten" Sachen aussortieren und irgendwie loswerden oder den Keller bis zur Decke voll stapeln. Und vor allem: Man müsste sich weniger Sorgen ums Geld machen und weniger arbeiten. Was könnte man mit der Zeit alles Schönes anfangen. Stattdessen verausgaben wir uns finanziell, verschulden uns dabei oft sogar und lassen uns im Job alles gefallen. Von dem Glück, das uns in der Werbung suggeriert wurde, ist das sehr weit entfernt.

Menschen, die ein schwaches Selbstbewusstsein haben oder sich in einer schwierigen Gefühlslage befinden, steuern durch ihren Konsum manchmal sogar in ein tieferes Unglück. Sie werden süchtig danach, sich Sachen zu kaufen. Begierig saugen sie alle Werbung in sich auf und sitzen tage- und nächtelang vor dem berühmt-berüchtigten Homeshopping-Fernsehen.

Der Kauf eines neuen Produkts gibt ihnen einen kurzen Kick, durch den sie sich vorübergehend besser fühlen, und die Anerkennung anderer Menschen wirkt wie Balsam für ihre Seele. Doch langfristig verbessert sich nichts, denn der Kick ist schnell vorbei und das gute Gefühl der Anerkennung wird zur Angst, nicht mehr anerkannt zu werden, wenn sie nicht bald wieder etwas Neues haben. So wird gekauft, bis die Kreditkarte glüht und sie gegebenenfalls alles verlieren. Glücklich sind am Ende nur die Hersteller der Produkte und diejenigen, die an der Werbung verdienen.

Man muss nicht alles haben, was Unternehmen einem anbieten, und man muss auch nicht mehr oder teurere Produkte kaufen, als man wirklich braucht, wenn man mal etwas Geld „über" hat. Es gibt sicher sinnvollere Dinge, für die Sie Ihr Geld ausgeben oder ansparen können. Wenn Sie mal wieder ein Angebot anlacht, denken Sie daran, dass Sie für jeden Cent, den Sie in der Tasche oder auf dem Konto haben, hart arbeiten mussten.

Denken Sie auch daran, welche negativen Erfahrungen Sie unter Umständen bei der Arbeit machen, und selbst wenn im Job alles gut ist, denken Sie an Ihre schöne Freizeit und Lebenszeit. Das Leben ist nicht dafür da, sich täglich in die „Mühle" zu begeben, um dann sein Geld gleich wieder im Konsum zu verlieren.

Denken Sie langfristig und setzen Sie Prioritäten, und zwar Ihre eigenen und nicht die der Werbe- und Wirtschaftswelt. Es kommen vielleicht schlechtere Zeiten, in denen Sie und Ihre Familie sich wünschen, Sie hätten nicht so viel Geld für unnötige Sachen ausgegeben, weil es dann ggf. an den allernötigsten Dingen fehlt. Wenn Sie genug Geld haben sollten, dass Sie einen Teil davon ausgeben können, ohne sich Sorgen machen zu müssen, denken Sie an die Menschen, denen es schlechter geht als Ihnen.

Schauen Sie sich in Ihrem Haus oder Ihrer Wohnung und in Ihrem Leben um und werden Sie sich klar darüber, wie viel Sie bereits besitzen. Brauchen Sie noch mehr oder schon wieder etwas Neues? Wäre es nicht angemessener, für das dankbar zu sein, was Sie schon haben? Es gibt Menschen, die nicht einmal ein Dach über dem Kopf oder etwas zu essen haben. Anstatt sich dem Konsum hinzugeben, wäre es also sicher eine bessere Lösung, wenn Sie Ihr überschüssiges Geld für Bedürftige bzw. Hilfsorganisationen spenden würden. Über so etwas denken die meisten Leute leider immer noch nicht nach, da sie zu sehr von der Werbe- und Konsumwelt beeinflusst und gelenkt werden.

Ein anderes Denken zu lernen und sich aus der Konsumfalle zu befreien, ist aber gar nicht so schwer. Beeinflusst werden kann man nur, wenn man sich beeinflussen lässt. Alles, was man tut, wird durch das eigene Gehirn gesteuert. Zwar wirkt die Werbung darauf ein, jedoch kann man sich dagegen schützen, indem man sich bewusst mit der Wahrnehmung und dem eigenen Denken auseinandersetzt. **Am besten ist es, Werbung so weit wie möglich zu umgehen.** Dann kommen Sie erst gar nicht in die Gefahr, in die Falle zu geraten. Schalten Sie Fernseh- und Radiowerbung aus und stellen Sie Ihren Internet-Browser so ein, dass Werbung nicht angezeigt wird. Kleben Sie ein „Bitte keine Werbung"-Schild an Ihren Briefkasten (das spart auch den Weg zur Papiertonne und ist besser für die Umwelt). Wenn Sie unterwegs an Werbeplakaten, Leuchtreklamen, Promotion-Ständen etc. vorbeigehen, schauen Sie nicht hin, sondern stur daran vorbei.

Falls Sie der Werbung nicht entgehen können, schauen und/oder hören Sie sie sich ganz bewusst an und achten Sie darauf, wie übertrieben und albern das alles wirkt, wie offensichtlich das gemacht ist, um Menschen zu manipulieren. Lassen Sie dieses Getue nicht an Ihr Inneres heran. Betrachten Sie es kritisch mit Abstand. Gewöhnen Sie sich an, sich innerlich oder ggf. auch laut zu sagen „Ich brauche das nicht, also kaufe ich es nicht".

Das funktioniert auch im Supermarkt, wenn Sie mal wieder statt Ihrer Standard-Produkte allerlei Neuerungen vorfinden. Wenn ein Freund, Angehöriger, Nachbar oder Kollege mit seinem neuen Handy, seiner Kleidung oder Ähnlichem prahlt, lächeln Sie einfach und sagen „Freut mich für dich, aber ich bin glücklich mit dem, was ich habe." Betrachten Sie den Angeber mit Humor und Mitleid. Er ist ein Opfer der manipulativen Konsumwelt und versucht, sein mangelndes Selbstwertgefühl durch unnötiges Kaufen zu kompensieren. Das ist schade für ihn, aber nicht Ihr Problem. Meiden Sie solche Menschen so weit wie möglich und suchen Sie sich lieber gleichgesinnte Kontakte. Wenn Sie mit Angebern zusammentreffen, ruhen Sie in sich und lassen Sie sich nicht verunsichern. Glück und Selbstachtung findet man weder im Ladenregal noch im Versandhandel, sondern nur im eigenen Inneren.

GUT INFORMIERT ODER GUT ANGEPASST? MEDIEN UND (UN-)SOZIALE NETZWERKE

Tagtäglich bekommen wir eine Fülle von Nachrichten und Informationen durch die Presse, das Fernsehen und den Rundfunk. Wichtige und unwichtige Dinge. Das alles prasselt auf uns ein, sofern wir solche Medien nutzen. Die meisten von uns tun es täglich. Man liest Zeitungen und Zeitschriften, sieht die Nachrichten zumindest einmal abends im Fernsehen, hört mitunter stündlich oder halbstündlich die Radionachrichten und viele haben auch eine Nachrichten-App auf ihrem Smartphone oder sehen auf der Startseite ihres Browsers die neuesten Meldungen.

Eigentlich kommen wir gar nicht mehr daran vorbei und wir wollen auch informiert sein. Wir müssen schließlich wissen, was auf der Welt und um uns herum los ist, ob es etwas für uns alle Wichtiges oder zumindest etwas für uns persönlich Interessantes zu erfahren gibt. Wir wollen nichts verpassen und so setzen wir uns der Informationsflut ständig aus. Teils sind es harmlose Dinge, die wir da hören, sehen oder lesen, aber oft auch Geschehnisse, die uns Angst und Sorgen bereiten. Krieg, Umweltkatastrophen, Verbrechen, Skandale und vieles mehr. Wir sind beunruhigt, vielleicht sogar richtig schockiert. Und wir machen uns Gedanken, ob das alles auch uns selbst betreffen kann.

Natürlich hat jeder seine Lieblingsmedien, die er sich ausgesucht hat, weil er den Informationen von dort vertraut, weil es ohnehin der Lieblingssender bzw. das Lieblingsportal ist oder weil er die Art der Berichterstattung dort ansprechend findet. Umgekehrt haben die Medien auch ihre Zielgruppen, auf die sie die Schwerpunkte der Berichte und die Aufmachung der Artikel und Sendungen ausrichten. Die Vielfalt der Medien ist gigantisch, es gibt unzählige Zeitungen, Zeitschriften,

Sender und insbesondere auch Internetportale. Für die meisten von uns ist das kaum noch überschaubar, und zudem auch nicht durchschaubar.

Wenn wir mehrere Informationsquellen benutzen, wird uns auffallen, dass Berichte über dieselben Themen oft voneinander abweichen. Manchmal liegt es daran, dass ein Bericht aktueller ist als der andere, manchmal aber auch an schlechter Recherche der Autoren oder an unzuverlässigen Quellen. Was nun stimmt, wissen wir da teilweise gar nicht mehr, und wir sind verwirrt und verunsichert. Aber wir sollen und wollen uns doch eigentlich eine Meinung bilden.

Oder wird unsere Meinung vielleicht gebildet? Eigentlich sollten neutral und sachlich Informationen übermittelt werden, damit jeder sich selbst ein Urteil bilden kann. Tatsächlich sind Berichte aber teilweise durch die Einstellung der Berichterstatter gefärbt, voller Vorurteile, sehen die Sache nur von einer Seite, verschweigen wichtige Informationen, übertreiben oder verharmlosen, manchmal sind sie sogar komplett falsch. Auf diese Art bekommen wir die Meinung, die wir haben sollen, gleich mitgeliefert. Das spart zwar das selbstständige Nachdenken, ist aber sicher nicht das, was wir wollen. Wir wollen nicht verwirrt und in eine bestimmte Richtung gelenkt werden, sondern einfach nur informiert sein und selbst entscheiden, wie wir darüber denken. Durch unsachliche Berichte kann zum Beispiel auch in Bezug auf ein Thema gezielt Panik verbreitet werden, sodass wir alle kopfscheu durch die Gegend laufen, oder wir wiegen uns wegen verharmlosender Berichterstattung oder Verschweigen von Informationen in Sicherheit, obwohl aktuell eine gefährliche Situation besteht.

Sich zu informieren, ist wichtig, aber mindestens ebenso wichtig ist, dafür verlässliche Quellen zu nutzen. Oftmals gibt man sich aber gar keine Mühe, darauf zu achten, ob die von einem selbst genutzten Medien wirklich seriös sind, oder man informiert sich nur aus einer einzigen Quelle, von der man eigentlich sogar vermutet, dass sie nicht die sachlichste und neutralste ist. Wenn man mal genau hinschaut, fällt einem auch auf, wie reißerisch die Schlagzeilen, Berichte und Bilder wirken. Es ist offensichtlich, dass dort eine vorgefertigte Meinung serviert und Hetze betrieben wird. Doch trotzdem greift man immer wieder zu dieser Quelle bzw. schaltet sie immer wieder an, und statt kritisch darüber nachzudenken, ob das, was da berichtet wird, wirklich so stimmt, glaubt man es einfach.

Wie gesagt: einfach. Man will mitreden können und zeigen, dass man am Welt- und Lokalgeschehen teilhat, aber dann doch lieber nicht so viel Zeit damit verbringen oder sich womöglich noch anstrengen. „Hast du schon gelesen, ...?“ „Hast du schon gehört, ...?“ So beginnen täglich viele Gespräche am Arbeitsplatz und im sozialen Umfeld. So nehmen dann die Berichte, oder manchmal sollte man eher sagen Geschichten, aus den Medien ihren Lauf. Schreckensnachrichten und Gerüchte verbreiten sich, und Dinge, die vielleicht gar nicht stimmen, werden zur Wahrheit. Diejenigen, denen man es erzählt, erzählen es ihrerseits wiederum weiter, und dabei geht dann häufig noch ein Teil der Informationen verloren oder etwas wird hinzugedichtet. Was wirklich passiert ist, wissen nur die Menschen, die direkt an dem Geschehnis beteiligt waren, aber meistens sind diese weit weg und können es einem nicht persönlich sagen.

Hört man von einem Kollegen, Freund, Nachbarn etc. etwas, das man selbst zuvor anders in den Medien gehört, gesehen oder gelesen hat (oder umgekehrt), wird man verunsichert. Man beginnt vielleicht, wenn es einen wirklich interessiert, selbstständig im Internet nach Informationen zu dem Thema zu suchen, um Klarheit zu bekommen. Doch hinterher ist man noch verunsicherter, da man dort etliche mehr oder weniger stark voneinander abweichende Berichte findet. Was tut man also?

Man glaubt das, was den eigenen Gefühlen am nächsten kommt. Vielleicht werden die ohnehin vorhandenen Vorurteile bestätigt, vielleicht ist man grundsätzlich ängstlich und lässt sich daher in Panik versetzen. Vielleicht fühlt man sich auch auf unerfindliche Weise von der Art einer Berichterstattung überzeugt oder man beharrt darauf, dem eigenen Stammmedium zu vertrauen. Oder man neigt dazu, eher anderen zu glauben, und hält das, was der Nachbar, Kollege etc. gelesen hat, für zuverlässiger als die Informationen, die man selbst aufgenommen hat. Man könnte zum Beispiel etwas falsch verstanden haben. Die wenigsten geben sich die Mühe, auf zuverlässige Quellen zu achten und sich selbst ein unabhängiges Urteil zu bilden.

Die Medien haben einen Grund, weshalb sie ihre Berichterstattung reißerisch und emotional aufbauen - sie wollen die Verkaufs- und Einschaltquoten erhöhen. Jeder will der Beste und Beliebteste sein. Das bringt Geld und Ruhm. Und dies ist schließlich wichtiger, als die Menschen sachlich und neutral zu informieren. So denken anscheinend viele Medienunternehmen und können dabei bestens von den informationssüchtigen, aber recherchefaulen Menschen profitieren. „Unfassbar!“, denkt man sich jetzt, dass Informationen teilweise aus wirtschaftlichen Interessen verfremdet werden. Aber Medienunternehmen sind auch nur Unternehmen, die wachsen und sich behaupten wollen, und hinter ihnen stehen in vielen Fällen große Konzerne, die viel Geld mit uns verdienen und ihre Zielgruppe gezielt konditionieren. Manche Medienunternehmen sind auch politisch orientiert und versuchen, uns „bei der Stange" zu halten, wir alle sollen bestimmte Ansichten haben und diese auch möglichst nicht ändern.

Man lenkt uns in die gewünschte Richtung, damit wir nach den Wünschen anderer funktionieren und Vorurteile übernehmen. Das ist schädlich für uns selbst und unsere Mitmenschen. Wir können diesem Einfluss entgehen, indem wir selbst darauf achten, welche Quellen wir nutzen, und die Augen und Ohren offenhalten, ob uns etwas zu sehr aufgebauscht vorkommt.

Ratsam ist auch, sich aus mehreren seriösen Quellen zu informieren, auch wenn man dadurch eventuell verwirrt wird, denn so vermeidet man die Gefahr, nur eine einzige Sichtweise dargestellt zu bekommen. Wenn andere Menschen uns erzählen, dass sie etwas gehört, gelesen oder gesehen haben, sollten wir es kritisch hinterfragen, erst recht, wenn es mit einem „Hast du schon gehört" oder „Hast du schon gelesen" anfängt. Es gibt Menschen, die Spaß daran haben, Sensationen, Skandale und Schreckensnachrichten in der Welt zu verbreiten, aber da muss man sich nicht einreihen. Jeder von uns hat das Recht und die Fähigkeit, sich eine eigene Meinung zu bilden, also sollten wir das auch tun.

Damit schützen wir uns nicht nur selbst vor ungewollter Beeinflussung, sondern auch andere, da wir nicht einfach Informationen herumtragen, die vielleicht teilweise oder gänzlich falsch sind. Ein ganz anderes Thema sind die Unterhaltungsmedien und sozialen Netzwerke. Unterhaltungsmedien, das sind Filme, Serien, Soaps, Reality-TV, Talkshows und sonstige Unterhaltungsshows. Jeder hatte und hat in Filmen und Serien Lieblingsschauspieler und -figuren, zu denen er aufblickt und die er bewundert. In der Jugend und im jungen Erwachsenenalter ist das noch intensiver, hier muss man einfach die neuesten Filme und Serien gesehen haben, um mitreden zu können und dazuzugehören. Auch die Beeinflussung ist hier am größten.

Teenager eifern ihren Idolen aus dem Fernsehen nach, kleiden sich wie sie, verhalten sich wie sie, wollen auch so sein wie sie. Idealbilder erschaffen sich, wie ein Mensch auszusehen, zu sprechen, sein Leben zu gestalten hat. Gleichzeitig erschaffen sich auch Negativbilder, denn in den meisten Filmen und Serien gibt es auch Figuren, die „uncool" sind. So, wie man selbst sich mit den „coolen" Figuren identifiziert, schaut man dann auf die herab, die den „uncoolen" Figuren ähneln. Je älter man wird, desto mehr lässt das nach, aber trotzdem vergleicht man hin und wieder noch (vielleicht nur insgeheim) sich selbst und andere mit den Fernsehfiguren.

Durch Filme und Serien werden uns also Bilder vorgegeben, wie wir zu sein haben und wie wir nicht zu sein haben, und weil es so unterhaltsam ist, nehmen wir das gern an. Mit Spannung verfolgen auch viele Erwachsene dann noch Daily Soaps, Reality-Shows, Umstyling-Shows und alles, was es sonst noch so im Fernsehen gibt.

Ach ja, und heutzutage auch noch im Internet. Man kann sich Filme und Serien jederzeit persönlich zusammenstellen, wenn man bereit ist, dafür eine gewisse Summe Geld zu bezahlen. Neben der Beeinflussung im Hinblick auf Aussehen, geschlechtstypisches Verhalten, Kleidung, Tätigkeiten etc. kommt das Konsumverhalten hinzu. Vielleicht haben Sie schon mal Jugendliche sagen hören, dass sie diese oder jene Serie „suchten". Das ist dann nicht als Vergangenheitsform von „suchen" gemeint, sondern von „Sucht" abgeleitet. Es heißt für sie nur, dass sie eine Serie oder auch eine Show begeistert verfolgen und die nächste Folge kaum abwarten können.

Tatsächlich kommt das Medienkonsumverhalten vieler (nicht nur junger) Menschen einer Sucht gleich. Ohne ihren Fernseher, ihren Computer oder wenigstens ihr Smartphone können sie praktisch nicht existieren. Manche leben regelrecht in einer Parallelwelt und haben nichts anderes mehr im Kopf als das, was sie in den Unterhaltungsmedien sehen und hören. Von Computerspielen wollen wir hier gar nicht erst anfangen. Die Wirtschaft lacht sich ins Fäustchen, denn sie macht einen riesigen Profit mit der Unterhaltungsindustrie.

Die Menschen wollen dem grauen Alltag mit seinen Sorgen und Anstrengungen entfliehen, und in der Welt der Medien finden sie eine Zuflucht. Doch eigentlich finden sie dort gar nichts, denn sie vergeuden nur Zeit und Geld. Fälschlicherweise wird Medienkonsum von vielen als Erholung missverstanden, doch nicht einmal das ist er. Im Gegenteil, es prasseln wiederum (diesmal auch noch unnötige) Informationen auf uns ein und wir befinden uns in der Welt anderer Personen, anstatt uns mit uns selbst zu beschäftigen. Da kommt man dann auch nicht auf den Gedanken, einmal alles zu hinterfragen, sein eigenes Leben zu leben und nicht einfach nur zu funktionieren. Nein, nachdem man den ganzen Tag oder die ganze Nacht bei der Arbeit gemacht hat, was andere wollten, geht man nach Hause, setzt sich aufs Sofa und starrt gebannt auf das, was andere Leute tun. Dann geht man ins Bett, um am nächsten Tag wieder zu funktionieren und danach wieder anderen bei deren erfundenem oder echtem Leben zuzuschauen.

Wo ist man selbst? Wer ist man selbst? Das bleibt auf der Strecke, und das ist sicher nicht ungewollt, denn als Rädchen im Getriebe soll man nicht so viel nachdenken. Medien aus, Gehirn an, das sollten wir uns angewöhnen. Ganz besonders auch im Hinblick auf die „sozialen Medien“. Man muss heute online vernetzt sein, um dazuzugehören. Man muss immer erreichbar sein und sein Leben auf Bildern mit anderen teilen. Man muss sich bewerten lassen und andere bewerten, oder „liken“ und „disliken“, wie man es in dem Bereich nennt. Muss man das? Wohl kaum, aber man macht mit, weil alle es machen und man nicht abseitsstehen will. Das eigene Leben ist öffentlich, man hat diverse fremde „Freunde“, man bekommt das „perfekte“ Leben der anderen gezeigt.

Was löst das aus? Erholung? Nein, ganz im Gegenteil. Es ist purer Stress. Wir haben ständig das Gefühl, nicht gut genug zu sein, mit anderen mithalten zu müssen, so sein zu müssen wie sie bzw. so, wie sie sich auf den Bildern präsentieren. Und natürlich müssen wir uns selbst ebenfalls auf so tollen Bildern präsentieren, auch wenn uns überhaupt nicht danach ist, auch wenn wir uns lieber weinend verkriechen würden.

Wir müssen zeigen, wer wir sind, oder besser gesagt, wer wir nicht sind. Wir müssen uns verstellen, um anderen zu gefallen, und haben den Eindruck, dass wir selbst und unser Leben, wie es eigentlich ist, für niemanden gut genug sind. Also ändern wir uns, machen mit, passen uns an, schwimmen mit dem Strom und erwecken einen schönen Schein. Dann freuen wir uns, wenn wir wieder ein paar Likes oder bewundernde Nachrichten bekommen haben, aber die Freude ist nur oberflächlich, denn wir wissen genau, dass wir selbst eigentlich nicht „geliked“ (gemocht) werden.

Aber wir brauchen Anerkennung, oder meinen, sie zu brauchen. Mancher träumt sogar davon, mit seinem Social-Media-Kanal berühmt zu werden. Wer nicht bei all dem mitmacht, wird ausgegrenzt, und wer sich nicht so präsentiert, wie es der Norm gefällt, wird ausgebuht, mit „Daumen runter“ und vielen unschönen Wörtern bedacht. Das Problem des Cybermobbings sprach ich zuvor schon an. Was ist das für eine Welt, fragt man sich. Eine Welt, die wir erschaffen haben. Wir müssten das alles nicht mitmachen. Es ist unsere eigene Entscheidung. Wir meinen nur, es tun zu müssen, weil wir uns dem Druck der Allgemeinheit ausgesetzt fühlen. Dunkle Psychologie eben, und wieder laufen wir als Marionetten durch die Gegend (bzw. sitzen in diesem Fall eher auf dem Sofa). Die Allgemeinheit, das sind wir alle. Das ist keine einheitliche Masse, sondern die Summe aller einzelnen Menschen. Ändern sich die Einzelnen, ändert sich auch die Allgemeinheit. Wenigstens bei so banalen und unnötigen Dingen wie Unterhaltungsmedien und Social Media sollte man das doch schaffen.

DIE MACHT VON GANZ OBEN – WIRTSCHAFT & POLITIK

Wir alle sind ein Teil dieser an der Wirtschaft orientierten, dem Geld zugewandten, nach Erfolg und Profit strebenden Gesellschaft, wo nur derjenige wirklich etwas zählt und anerkannt ist, der sich selbst möglichst viel Besitz erschafft und als besonders gutes Rädchen im Getriebe funktioniert.

Das wurde in den vorangegangenen Kapiteln bereits deutlich. Aber was findet da „über uns“ eigentlich statt, wo kaum jemand von uns jemals hingelangt oder akzeptiert wird? Welche Strukturen wirken dort auf uns ein, drängen uns teilweise in Lebensumstände, die wir nicht aus freien Stücken gewählt haben und die uns unser Leben so schwer und stressig machen, dass wir es manchmal kaum aushalten können?

Zum einen gibt es da die Politik mit ihren Reden, Parteiprogrammen und Auftritten, dem Bundestag und Bundesrat sowie auch auf regionaler und lokaler Ebene. Das sind die Orte, an denen Beschlüsse gefasst werden, Gesetze geändert und verabschiedet werden. Letztendlich wird dort nach mehrheitlichen Beschlüssen über uns bestimmt. Wir leben zum Glück in einer Demokratie und haben ein Grundgesetz, sodass das Mitspracherecht aller und gewisse Grundrechte festgelegt sind. Vertreten werden wir in Kommunal-, Landes- und Bundesregierung durch die Parteien, und in welchen Mehrheitsverhältnissen diese in den Parlamenten zusammensitzen, haben wir durch die Wahl selbst bestimmt.

Jede Partei macht ihren Wählern Versprechungen, wofür sie im Parlament eintreten und wie sie die Interessen der Bürger vertreten wird. Voller Vertrauen wählen wir also die Partei, deren Versprechungen am meisten mit unseren Interessen übereinstimmen. Was dann von den Wahlversprechen umgesetzt wird, ist eine ganz andere Sache. Um eine funktionsfähige Regierung bilden zu können, muss oftmals eine Koalition zwischen mehreren Parteien gebildet werden, und hierfür wird erst einmal kräftig verhandelt.

Die eine Partei muss hier Abstriche machen, die andere lässt sich dort überzeugen, damit man auf einen gemeinsamen Nenner kommt. Die Parteien, die nicht die Regierung stellen, gehen bekanntlich in die Opposition, und wenn vor der Wahl schon gekämpft und gestritten wurde, was das Zeug hält, und alles Mögliche versprochen wurde, nur um die Wähler für sich zu gewinnen, geht es auch nach der Wahl weiter. Es müssen Kompromisse unter den Parteien gefunden werden und das geht oft auf Kosten des ursprünglichen Wahlprogramms, sodass die jeweilige Partei, die man gewählt hat, auf einmal gar nicht mehr so sehr die Interessen vertritt, die man vertreten sehen wollte.

Und selbst wenn die von einem selbst gewählte Partei ihrer Linie treu bleibt, heißt das nicht, dass sich Politik und Gesetzgebung in die Richtung bewegen, die man sich erhofft hat, denn schließlich stimmen Abgeordnete aller Parteien ab und da herrscht oft nicht einmal innerhalb einer Fraktion Einigkeit.

Alles, was in der Regierung geschieht, sollte das Wohl der Menschen im Land im Auge haben, aber trotzdem haben wir, was die politische Macht angeht, häufig das Gefühl, dass mit uns Katz und Maus gespielt wird und trotz Wahlversprechen unsere Interessen ganz und gar nicht vertreten werden. Teilweise haben wir den Eindruck, dass wir von den Regierenden vergessen wurden. Aber wir haben die Regierung bzw. die regierenden Parteien nun einmal gewählt und bis zur nächsten Wahl bleibt die Konstellation nun so. Und auch wenn Teile der Opposition eigene Ansichten einbringen und für unsere Interessen eintreten wollen, handelt es sich nur um die Opposition, also die Parteien mit wenigen Sitzen.

Nun gibt es in den Regierungsparteien auch nach der Wahl die Standfesten, die Unerschütterlichen, die weiterhin die Wahlversprechen durchsetzen wollen – das muss man hier gerechterweise einmal anmerken. Es gibt aber auch die, die irgendwo dazwischen mitschwimmen und nicht so recht wissen, wie sie sich im Rahmen der geschlossenen Kompromisse nun weiter verhalten sollen. Vielleicht bringen sie auch nicht das nötige Selbstbewusstsein mit, um sich im Sinne der Wähler gegen andere Ansichten durchzusetzen. Also passen sie sich den Gegebenheiten an und versuchen, nicht aufzufallen. Leider gibt es aber auch noch eine dritte Persönlichkeitsgruppe, und zwar die, die nur auf diesen Moment gewartet haben, da oben endlich mitmachen zu können, und die kein Interesse mehr an ihren eigenen Wahlversprechen haben. Politiker sind auch nur Menschen, und wenn es in allen Bereichen des Lebens machthungrige Menschen gibt, warum nicht auch in der Politik. Eigentlich sollte das in einer Demokratie nicht vorkommen, aber nicht jeder, der gewählt wurde, dient dem Wohle aller so, wie es zu erwarten wäre. Könnte womöglich Geld für den einen oder anderen ein Motiv sein, um in die Politik zu gehen? Man bedenke das hohe Einkommen eines Abgeordneten. Oder ist es einfach die Gelegenheit, endlich mal ganz oben mitbestimmen und mitentscheiden zu können? Man weiß nicht, was im Einzelnen vor sich geht. Jeder Politiker hat auch seine eigene Geschichte und seine Erfahrungen, die er im Lauf des Lebens gemacht hat. Dennoch fühlen wir uns oft in unseren Hoffnungen betrogen, dass sich nach der Wahl etwas für uns bessert. Wir fühlen uns der Politik ausgeliefert und, obwohl wir selbst doch die Wähler sind, irgendwie machtlos.

Und dann hören wir auch noch, dass die Politik eng mit der Wirtschaft bzw. den Konzernen verbunden ist, wenn auch nur zum Teil. Wir hören von Absprachen zwischen Politikern und großen Unternehmen, von Lobbyisten, von Politikern, die in Aufsichtsräten von Konzernen sitzen oder sich nebenbei zusätzliches Geld als Berater verdienen. Dürfen solche Verbindungen sein? Ein gewählter Politiker sollte doch unabhängig von Wirtschaftsinteressen seine Position einnehmen. Gibt es möglicherweise Politiker, die ganz und gar nicht so unabhängig sind, die ihre politische Arbeit in den Diensten von uns allen durch derartige Verbindungen mit den Wirtschaftsinteressen einiger Konzerne vermischen?

Es geht bei dieser Verquickung von Interessen wohlgemerkt nicht um Posten und Aufgaben in verschiedenen Bereichen des Staates, zum Beispiel im Bildungsbereich. Warum soll ein guter Politiker nicht auch ein guter Professor an einer Universität sein oder sich im Sozialbereich betätigen? Das widerspricht sich nicht. Misstrauisch werden wir, wenn wir hören, dass ein Politiker einerseits in der Regierung sitzt und andererseits auch die Interessen eines privaten Wirtschaftskonzerns vertritt, möglicherweise sogar eines nationalen oder internationalen Großkonzerns, dem es ganz und gar nicht um das Wohl von uns allen geht, sondern nur um möglichst viel Profit.

Dieses Thema wird schon länger in politischen Kreisen diskutiert. Nicht alle Politiker sind der Meinung, dass so etwas gut ist für den Ruf der Politik und der Politiker. Aber verboten ist es nicht. „Warum nicht?", fragen wir zu Recht. Was passiert mit uns vor diesem Hintergrund? Welche Interessen haben wir gewählt? Und beklommen fragen wir uns auch: Sind wir der Politik ausgeliefert? Warum geht es für uns hier unten oft nicht weiter und wieso haben so viele, die so viel und so hart arbeiten, oft über ihre psychischen und physischen Grenzen hinaus, so wenig Geld und so wenig Wohlstand, während einige wenige so unendlich viel haben?

Das macht uns traurig und entmutigt uns. Lohnt sich der Überlebenskampf, wenn das ganze Geld woanders landet? Gedankenverloren und irgendwie beschämt über unser angebliches Versagen im Existenzkampf schauen wir auf die Löcher in den Hosen unserer Kinder und essen selbst beim Abendbrot eine Scheibe Brot weniger. Dann stellt man den Fernseher an, sieht „die da oben" in den Nachrichten und hört von ihren Erfolgen und Geldgewinnen. Man fühlt sich so armselig, wie man es täglich zu spüren bekommt.

Aber man schämt sich zu Unrecht. Die Konzerne haben alles in der Hand. Ganz oben sind die internationalen und die großen nationalen Konzerne, danach kommen die etwas kleineren und so weiter. Es geht zu wie im Meer. Da sind die Haie, die großen Fische und die kleinen Fische. Und die Großen fressen die Kleinen. Die Fische können aber nichts dafür, sie sind von Natur aus so, sonst könnten sie nicht überleben. Menschen jedoch können anders sein, sie müssen sich nicht gegenseitig „fressen".

Menschen haben im Lauf der Zeit ein Sozialverhalten entwickelt, das ihnen ein harmonisches Miteinander zum Wohle aller, der Welt und des Universums ermöglichen könnte. Viele Menschen beherzigen das inzwischen auch, selbst wenn es ihnen persönlich nicht so gut geht. Aber warum lernen das „die da oben" in unserer Wirtschaft nicht?

Weil sie es nicht wollen. Diejenigen, die ganz oben in den Konzernen sitzen und viele Menschen für wenig Geld arbeiten lassen, damit wir für viel Geld ihre Produkte kaufen, und die sich weder für unser Wohl noch für Fairness oder den Klimawandel interessieren, wollen nur an sich und ihre Macht denken, die sie über uns, die Wirtschaftswelt und ggf. auch über die Politik haben. Sie wollen Profit, egal, was sie dadurch anrichten. Sie sind egozentrisch, ignorant und skrupellos, und je weiter man nach oben in der Wirtschaftsgesellschaft schaut, desto schlimmer wird es. Wir fühlen uns dagegen machtlos und wertlos. Und so lassen wir uns ausnutzen und ausbeuten, während es den Wirtschaftsbossen immer besser geht. Wir fühlen uns, als hätten wir keine Wahl, als uns ihrer Übermacht unterzuordnen, und hoffen immer noch, dass es uns auch besser gehen könnte, wenn wir möglichst gut funktionieren.

„Die da oben" haben für uns aber nicht vorgesehen, dass es uns gut geht. Nur funktionieren sollen wir, wie Maschinen. Denkt man darüber nach, fühlt man sich verzweifelt und ganz klein. Aber das müssen wir nicht, wir sind nicht klein, wir sind alle jemand, egal, wie viel bzw. wenig wir besitzen. Jeder hat ein Recht auf ein unabhängiges, selbstbestimmtes Leben und jeder ist von Natur aus ein wertvoller Mensch.

Es wird mit der Wirtschaft wohl immer so weitergehen, es geht schon lange so. Aber die Politik hat auch noch etwas zu sagen in unserer Demokratie. Sie kann sehr wohl etwas in unserem Sinne bewirken. Erreichen wir doch bei den Wahlen, dass diejenigen gewählt werden, die wirklich etwas für uns tun wollen.

Methoden der Manipulation & Ursachen der Manipulierbarkeit

DIE „ALLTÄGLICHEN" METHODEN

Einzelpersonen und Firmen setzen in ihrem alltäglichen Verhalten verschiedene Strategien ein, um andere Menschen unter ihre Kontrolle zu bringen, sie nach ihren Wünschen „tanzen" zu lassen, sich selbst besser zu fühlen oder auch teilweise, weil sie denken, dass es für ihr Gegenüber das Beste wäre, sich auf eine bestimmte Weise zu verhalten. In diesem Abschnitt möchte ich genauer auf die einzelnen Methoden eingehen.

Versprechen und Bestechung
Wir alle haben Sehnsüchte, Wünsche und Bedürfnisse, und wenn andere Menschen davon wissen, haben sie ein ideales Mittel, um uns unter Druck zu setzen. Wenn wir uns so verhalten, wie sie es wollen, winkt eine Belohnung - das hört sich doch gar nicht schlecht an, denkt man, aber das ist es. Wir werden geködert und in unserem vermeintlichen Glück merken wir gar nicht, dass wir an Fäden herumgezogen werden.

Teilweise merken wir es auch, aber fühlen uns trotzdem nicht in der Lage, uns der Manipulation zu entziehen, da die Verlockung zu groß ist. Versprechungen werden allerdings nicht immer erfüllt, und wenn man die Sache wirklich bekommt, steht man nur noch mehr unter Druck, denn toxische Menschen halten ihren „Opfern" oft vor, was sie ihnen schon alles geschenkt, ermöglicht und für sie getan haben. Durch die erzeugten Schuldgefühle soll man noch besser tanzen, und oftmals wirkt es auch. Insbesondere werden auch bekannte Schwachstellen wie zum Beispiel Geldnot, sehnliche Wünsche oder Ängste ausgenutzt. Hier nur ein paar **Beispiele**:

- ***„Wenn du artig bist, bekommst du ein Eis."***
- ***„Geben Sie mir die Information, dann bekommen Sie 1000 Euro."***

- ***„Wenn Sie mit mir schlafen, bekommen Sie eine Gehaltserhöhung."***
- ***„Wir bieten Ihnen einen Firmenwagen und kostenlose Parkplätze direkt vor dem Haus."***
- ***„Kochst du mir etwas Schönes? Dann habe ich bestimmt gleich wieder bessere Laune."***
- ***„Bei guten Leistungen bieten wir hervorragende Aufstiegschancen."***
- ***„Weil Sie so ein treuer Kunde sind, haben wir ein Geschenk für Sie."***
- ***„Wenn du eine Eins schreibst, bekommst du das neue Computerspiel."***
- ***„Ich leihe dir das Geld, aber dafür musst du mir einen Gefallen tun."***
- ***„Möchten Sie auch so glatte, schöne Haut? Das ist möglich, mit unserer neuen Tagespflege."***
- ***„Bestimmt verhalte ich mich nur so schlecht dir gegenüber, weil ich unzufrieden bin. Du musst dir einfach mehr Zeit für mich nehmen."***

Erpressung und Drohung

Wenn das Zuckerbrot nicht wirkt, kommt die Peitsche, oder manchmal kommt sie auch direkt. Erpressung und Drohung sind ebenso effektive Mittel, um jemanden unter Druck zu setzen, wie das Winken mit Belohnungen. Oftmals wird beides abwechselnd eingesetzt – das erwünschte Verhalten wird belohnt, das unerwünschte bestraft, bzw. es wird die Belohnung angeboten und die Bestrafung angedroht.

Auf die Art erreichen toxische Menschen eine hohe Einwirkung auf ihre „Opfer". Wiederum werden auch bei Erpressung und Drohung Schwachstellen, Wünsche, Bedürfnisse und Ängste ausgenutzt. Es wird mit den Gefühlen der Betroffenen gespielt. Man hört beispielsweise:

- ***„Wenn Sie die Musik nicht sofort ausstellen, rufe ich die Polizei."***
- ***„Sag das noch einmal, dann setzt es was."***
- ***„Wenn du nicht sofort still bist, gehst du heute ohne Essen ins Bett."***
- ***„Sie möchten doch nicht Ihren Job verlieren, oder? Dann seien Sie ein wenig netter zu mir."***

- ***„Wenn der Chef wüsste, dass du schon wieder zu spät gekommen bist, wäre er sicher nicht erfreut.“***
- ***„Ich habe dir gesagt, ich nehme dir das Handy weg, wenn du nicht lernst. Also: Her mit dem Handy!“***
- ***„Das ist ja nicht zum Aushalten mit dir. Ich werde wohl die Scheidung einreichen.“***
- ***„Ich habe dir geholfen und das ist der Dank dafür? In Zukunft kannst du alles allein erledigen.“***
- ***„Denken Sie darüber nach, was Ihnen alles passieren könnte. Wenn Sie da nicht richtig versichert sind, was wird dann aus Ihnen und Ihrer Familie?“***
- ***„Wenn Sie nicht innerhalb einer Woche bezahlen, werden wir ein Inkassounternehmen beauftragen. Das ist mit hohen Kosten und Unannehmlichkeiten für Sie verbunden.“***
- ***„Warum bist du eigentlich noch mit mir zusammen, wenn dir alles nicht passt? Geh doch einfach.“***
- ***„Sei froh, dass ich noch bei dir bin. Jemand anderes wäre schon längst weg.“***
- ***„Wenn ihr nicht mitmacht, bekommt ihr Extrahausaufgaben.“***

Auch die „kalte Schulter“ zu zeigen, beleidigt zu sein, nicht auf Nachrichten und Anrufe zu reagieren, gehört zu den Drohmitteln. Der toxische Mensch sagt dadurch: „Pass auf, ich könnte dich verlassen, wenn du so weitermachst“.

Außerdem leben Drohungen nicht nur von den Worten, sondern auch von der dabei eingesetzten Mimik, Körpersprache und dem Tonfall. Zudem wird Gewalt gegen die Person selbst, ihre Angehörigen oder auch ihre Sachen als Druckmittel benutzt, wobei die angewendete Gewalt keine Drohung mehr ist, aber die Angst vor der Wiederholung den Betroffenen gefügig macht.

Zum Beispiel:

- ***„Anscheinend hat dir die Ohrfeige gefallen. Willst du noch eine?“***
- ***„Da kommt ja unser Loser. Bereit für die nächste Abreibung?“***

- ***„Du solltest eben öfter abwaschen, dann wäre dein Lieblingsglas jetzt nicht aus Versehen von der Spüle gefallen.“***

Beleidigungen

Toxische Menschen wollen ihre Mitmenschen tief unten haben, so fühlen sie sich selbst groß und stark und können problemlos über ihre „Opfer“ verfügen. Neben Schimpfwörtern, Herabsetzungen, höhnischem Lachen und abwertenden Gesten kommen auch vermeintlich harmlosere Methoden zum Einsatz, die im Inneren des Betroffenen jedoch genauso erniedrigend wirken - Kichern, Augenrollen, ironisches Lob, „gut“ gemeinte Ratschläge, Witze und einiges mehr. Ein paar **Beispiele:**

- ***„Das sieht dir wieder ähnlich.“***
- ***„Hast du zugenommen?“***
- ***„Wie kann man nur so unachtsam sein.“***
- ***„Oh mein Gott, wie peinlich ist das bitte.“***
- ***„Das hast du ja wirklich mal wieder toll hinbekommen.“***
- ***„Du hast aber auch schon mal besser ausgesehen.“***
- ***„Mit dem Hintern würde ich diese Hose nicht tragen.“***
- ***„Kein Wunder, dass du keinen Partner hast, so, wie du aussiehst.“***
- ***„Du bist eine komische Frau.“***
- ***„Gibt es eigentlich irgendwas, das Sie können?“***
- ***„Schönes Kleid, kaschiert deinen Bauch.“***
- ***„Gab es das im Sonderangebot?“***
- ***„Wie sieht es denn bei Ihnen aus, von Aufraumen halten Sie wohl nicht viel?“***
- ***„Meine Güte, bist du empfindlich.“***
- ***„Sollte das nicht lieber jemand machen, der das kann?“***
- ***„Wie man sieht, hast du die Klassenarbeit mal wieder nicht ernst***

genommen.“

- ***„Kannst du mal die Socke aus dem Mund nehmen, wenn du sprichst?“***

Vorwürfe

Ein beliebtes Mittel ist auch, dem Gegenüber Vorwürfe zu machen. So wird in ihm nach und nach das Bild erzeugt, dass er selbst schuld an der Situation sei, dass er Fehler mache und dem toxischen Menschen Probleme verursache.

Indem toxische Menschen Schuldgefühle erzeugen, schaden sie nicht nur dem Selbstwertgefühl der Betroffenen, sondern sichern sich ihre Zuneigung, Hilfsbereitschaft und Vergebungsbereitschaft. Unter den Vorwürfen findet man beispielsweise solche Sätze:

- ***„Wie kannst du mir so etwas antun?“***
- ***„Du machst alles kaputt!“***
- ***„Das waren doch bestimmt wieder Sie, der das Licht nicht ausgemacht hat.“***
- ***„Jetzt habe ich deinetwegen wieder schlechte Laune.“***
- ***„Nie hast du Zeit für mich.“***
- ***„Jetzt habe ich vergessen, Milch zu kaufen. Nur, weil du wieder genervt hast!“***
- ***„Du traust mir auch gar nichts zu.“***
- ***„Immer bin ich deinetwegen schlecht drauf. Nicht mal bei der Arbeit kann ich mich konzentrieren. Mein Chef ist schon sauer.“***
- ***„Hätten Sie sich mehr angestrengt, hätten wir den Auftrag bekommen.“***
- ***„Es fehlen schon wieder 20 Euro in der Kaffeekasse. Haben Sie eine Idee, wo die sein könnten?“***
- ***„Was hast du denn da wieder angerichtet.“***
- ***„Ich wollte mich in Ruhe im Garten sonnen, aber Ihr Hund hat die ganze Zeit gebellt. So geht das nicht.“***
- ***„Ich bin dir überhaupt nichts wert.“***

- ***„Du denkst immer nur an dich."***
- ***„Du hast bestimmt jemand anderen."***
- ***„Du liebst mich nicht."***

Zudem arbeiten toxische Menschen teils auch mit Selbstvorwürfen, die man manchmal schon am aggressiven oder ironischen Ton als unehrlich erkennt. Sie wollen damit erreichen, dass sich die andere Person schlecht fühlt, weil diese sie angeblich zu Unrecht in die Lage gebracht hat, sich schlecht zu fühlen. Außerdem wollen sie von ihrem eigenen Fehlverhalten ablenken. Zum Beispiel:

- ***„Ich bin eben einfach ein schlechter Mensch."***
- ***„Ich bin zu nichts gut."***
- ***„Ich mache alles falsch."***
- ***„Jemanden wie mich solltest du meiden."*** (Hier ist noch zusätzlich die latente Androhung der Trennung enthalten.)
- ***„Ich habe es wohl nicht besser verdient."***
- ***„Ich bin wieder schuld."***

Isolation

Wer allein dasteht, ist schwach und leicht zu verunsichern, das wissen toxische Menschen. Und so versuchen sie, ihre „Opfer" von deren Umfeld abzukapseln, um mit ihnen ein leichtes Spiel zu haben. Zum Beispiel setzen sie Gerüchte über die betreffende Person in die Welt, aufgrund derer sich andere von ihr abwenden, oder es wird unter Einsatz von Drohung, Erpressung oder auch Versprechen dafür gesorgt, dass der Betroffene von sich aus den Kontakt zu anderen meidet oder nicht mehr mit ihnen redet („Wenn du dich mit XY triffst, sind wir geschiedene Leute").

So kann der toxische Mensch sich auch sicher sein, dass der Betroffene nichts über die manipulativen Vorgänge nach außen trägt. In Partnerschaften findet Isolation auch dadurch statt, dass der toxische Partner die gesamte Zeit des Betroffenen beansprucht und ihm Vorwürfe macht, wenn er sich mit jemand anderem trifft („Du lässt mich schon wieder allein, du liebst mich wohl gar nicht"). Im weiteren Umfeld, zum Beispiel bei der Arbeit, in der Schule oder auch in der Gesellschaf generell, werden Menschen außerdem isoliert, indem sie von anderen, die sich in Gruppen zusammentun, ignoriert oder gemieden werden.

Zum Beispiel antwortet keiner, wenn man eine Frage stellt, oder man muss in der Mittagspause ganz allein sitzen. Egal, in welchem Bereich, kommt als Methode aber auch noch die Isolation durch verbale Aussagen hinzu. Das Gefühl der Isolation entsteht dann in der Vorstellung des Betroffenen, sodass er sich selbst immer mehr zurückzieht oder sich an die Ansprüche der anderen anpasst.
Einige **Beispielsätze**:

- ***„Keiner macht das so, aber du weißt es natürlich besser."***
- ***„So kompliziert wie du bist, ist es kein Wunder, dass du keine Freunde hast."***
- ***„Du bist doch nicht normal."***
- ***„Muss schön sein, in einer eigenen Welt zu leben."***
- ***„Du bist der Einzige, der so komische Musik hört."***
- ***„Mach so weiter und du bist bald ganz allein."***
- ***„Das siehst du so, aber frag mal jemand anderen."***
- ***„Alle springen über den Bach, nur du traust dich das nicht."***
- ***„Jeder will doch mal heiraten und Kinder haben, nur du nicht. Irgendwas stimmt mit dir nicht."***

Verunsicherung

Der Erfolg einer Manipulation ist unter anderem abhängig davon, dass der Betroffene verunsichert wird. Das erreichen toxische Menschen neben kritischen Blicken zum Beispiel durch folgende Aussagen und Fragen:

- ***„Sei froh, dass das keiner gesehen hat."***
- ***„Bist du dir sicher, dass du das kannst?"***
- ***„Soll ich das nicht lieber machen? Sonst geht das noch schief..."***
- ***„Hast du vor dem Losgehen noch mal in den Spiegel geschaut?"***
- ***„Soll das Hemd so sitzen?"***

- ***„Haben Sie das vor dem Abschicken noch einmal überprüft?"***
- ***„Das habe ich so noch nie gesehen..."***
- ***„Sieht ja interessant aus."***
- ***„Na, wenn du meinst."***
- ***„Du wirst es schon wissen."***
- ***„Andere sind mit dieser Ansicht schon auf die Nase gefallen."***
- ***„Wie willst du denn damit dein Leben finanzieren?"***
- ***„Bist du dafür nicht schon zu alt?"***
- ***„So gehst du aber nicht los, oder?"***

Vielfach kommen auch Ironie und Zweideutigkeiten zum Einsatz:

- ***„Du bist natürlich unfehlbar."***
- ***„Du hast immer Recht."***
- ***„Du bist perfekt."***
- ***„Ich hoffe, es geht dir gut."***
- ***„Wo warst du?"***
- ***„Ich hoffe, du kannst trotz unseres Streits gut schlafen."***
- ***„Was ist los?"***

Wenn man dann nachfragt, warum die Person sauer ist, kommt als Antwort ungefähr das: „Wie kommst du darauf, dass ich sauer bin? Ich habe doch nur gefragt/gesagt, ..."

Mit anderen Worten: Es war natürlich nicht so gemeint und man sieht das alles vollkommen falsch. Und obwohl man eigentlich weiß, dass es sehr wohl so gemeint war, bekommt man Zweifel an sich selbst, ob man nicht doch einfach zu empfindlich ist und eine ganz nette Person vor sich hat.

Übertreibung, Verallgemeinerung und Wiederholung

Um Vorwürfen, Herabsetzungen etc. mehr Nachdruck zu verleihen, werden die Aussagen oft übertrieben und verallgemeinert dargestellt. Zudem erreichen toxische Menschen durch ständiges Wiederholen manipulativer Aussagen, dass sich ihre Ansichten tief in das Unterbewusstsein der Betroffenen eingraben, als ob sie programmiert werden würden. Einige Beispiele für Übertreibungen und Verallgemeinerungen:

- ***„Du stellst dich aber auch immer an."***
- ***„Nie kann man es dir recht machen."***
- ***„Du hast alles zerstört."***
- ***„Was für ein riesiges Chaos hast du angerichtet."***
- ***„Du bist der komplizierteste Mensch, den ich kenne."***
- ***„Niemand mag dich."***
- ***„Mit dir gibt es immer nur Ärger."***
- ***„Mit Ihrem Krach beschallen Sie die ganze Stadt."***
- ***„Das ist wieder typisch Frau/Mann."***
- ***„Menschen aus so einem Milieu bringen es nie zu etwas."***
- ***„Denen von da kann man nicht trauen."***

Verharmlosung des eigenen Verhaltens

Auf der anderen Seite verharmlosen toxische Menschen ihre eigenen negativen Verhaltensweisen und ihre Ansprüche, damit ihr Gegenüber sich selbst für unzulänglich hält. Zum Beispiel so:

- ***„So einen winzigen Gefallen willst du mir nicht tun?"***
- ***„Fragt man dich einmal etwas, ist es gleich zu viel."***
- ***„Da bin ich mal ein klein wenig sauer geworden und schon machst du einen Aufstand."***
- ***„Das ist doch ewig her, trägst du mir das immer noch nach?"***

- ***„Du musst gleich wieder aus einer Mücke einen Elefanten machen."***
- ***„Ich habe doch nur meine Meinung gesagt."***
- ***„Das ist doch nichts Großartiges, das kann ich doch wohl von Ihnen erwarten."***
- ***„Ich habe Sie nur ganz aus Versehen leicht berührt, stellen Sie sich nicht so an."***

Suggestivfragen

Mithilfe von Suggestivfragen wird der Betroffene von etwas überzeugt, das er eigentlich nicht will, aber er denkt, dass er selbst dieser Ansicht sei. Bei Suggestivfragen handelt es sich um Fragen, die so formuliert sind, dass eine bestimmte Antwort (die erwünschte) naheliegend ist. Natürlich kann man auch anders antworten, aber viele Menschen durchschauen das Spiel nicht und fallen darauf herein.

Insbesondere werden die Wörter „auch", „nicht", „doch" und „ja" eingesetzt. Unterstützend wird teils am Ende noch eine Rückfrage wie „richtig?" oder „Stimmt's?" angefügt. Zur Veranschaulichung ein paar Beispiele:

- ***„Denkst du nicht auch, dass wir mehr Zeit zusammen verbringen sollten?"***
- ***„Findest du nicht auch, dass du dich mehr anstrengen solltest?"***
- ***„Haben Sie nicht auch das Gefühl, dass Sie für diesen Job gar nicht geeignet sind?"***
- ***„Bist du nicht der Meinung, dass du abnehmen solltest?"***
- ***„Finden Sie nicht auch, dass dieser Sportwagen perfekt zu Ihnen passt?"***
- ***„Sie wollen doch gut abgesichert sein, richtig?"***
- ***„Du willst doch mal studieren, oder?"***
- ***„Wollen Sie mir nicht mehr über sich erzählen?"***
- ***„Willst du nicht ein bisschen näher heranrücken?"***
- ***„Sie haben sich ja bestimmt schon entschieden, richtig?"***
- ***„Das ist doch genau Ihr Geschmack, habe ich Recht?"***

- ***„Weitere Fragen haben Sie ja nicht, stimmt's?"***
- ***„Du hast doch bestimmt nichts dagegen einzuwenden, wenn ich mir dein Auto leihe?"***

Bei derartigen Fragen sagen Sie sich selbst unbedingt „Stopp!", bevor Sie etwas antworten, und denken Sie selbstständig nach, was Ihre eigene Meinung ist. Im Regelfall wird es genau das Gegenteil von dem sein, was der Manipulator Ihnen in den Mund legen will, denn sonst bräuchte er die Manipulation nicht.

Körpersprache

Nicht nur bei Drohungen spielt die Körpersprache eine Rolle, sondern Menschen, die sich Macht verschaffen wollen, nutzen grundsätzlich dafür ihre Mimik, Gestik, Körperhaltung und Sprechweise. Die Haltung ist aufrecht, die Schultern sind gerade, der Körper ist gleichzeitig ein wenig angespannt und lässig. Der Kopf ist gerade und der Blick direkt, fest und geradeaus. Je nach Situation sieht man unterschiedliche Mimik - selbstsicheres Lächeln, (gespielt) freundliches Lächeln, spöttisch verzogene Mundwinkel, kritisch gekräuselte Stirn, wütend zusammengezogene Augenbrauen. Eine dominant-aggressive Haltung erkennt jeder Mensch ziemlich leicht an verhärteten Gesichtszügen, stechenden Augen und einem „Aufpumpen" des Körpers. Schwierig ist es bei einer dominant-freundlichen bzw. einschmeichelnden Haltung. Zugewandte Körpersprache und Lächeln können auch wirklich positive Signale sein. Achten Sie jedoch darauf, ob die Augen des betreffenden Menschen mitlächeln (wenn sie es nicht tun, suchen Sie das Weite).

Zudem ist es ein Hinweis, wenn Ihr Gegenüber Sie mit seinem Blick fixiert. Beim Händeschütteln strecken toxische Menschen ihre Hand nicht gern weit aus, denn so müssen Sie zu ihnen herüberkommen und stehen dann buchstäblich auf ihrer Seite. Beim Sprechen hören Sie einen festen, sicheren Ton, der eher zu laut als zu leise ist. In einschmeichelnden Situationen kann man, wenn man aufmerksam ist, einen säuselnden oder übertrieben freundlichen Ton heraushören. In Streitsituationen ist es wiederum eindeutiger, da wird der Ton kalt und schneidend oder die Person brüllt. Die Wirkung der Körpersprache ist deshalb so wichtig, weil sie sich leichter und länger einprägt als der Inhalt von Worten. Vielleicht vergessen Sie nach einer Zeit, was jemand zu Ihnen gesagt hat, aber das Gefühl, das durch die nonverbale Kommunikation in Ihnen entstanden ist, bleibt und beeinflusst Sie -

jedenfalls, wenn Sie nicht bewusst gegensteuern. Es hilft ein wenig, schon bei der ersten Begegnung (und natürlich auch darüber hinaus) wachsam zu sein und auf die Körpersprache zu achten. Allerdings beherrschen manche Menschen es, ihre nonverbale Sprache perfekt zu kontrollieren und so zu verstellen, dass beim Gegenüber genau der Eindruck erzeugt wird, den sie erzeugen wollen.

Das Ganze in groß

Jetzt haben Sie einen Überblick über die Methoden, die toxische Menschen und Firmen einsetzen, um Macht über Menschen auszuüben und ihre Interessen durchzusetzen. Zuvor kam im Buch jedoch auch zur Sprache, dass die Gesellschaft an sich ebenfalls voll von dunkler Psychologie ist.

Dort werden jedoch meist keine direkt ausgesprochenen Aussagen wie in den vorigen Beispielen gemacht; trotzdem ist das Ganze übertragbar. Denn durch Erfahrungen, Beobachtungen und Berichte entstehen die manipulierenden Überzeugungen in uns selbst. Ungefähr so:

- ***„Pass dich an, dann bekommst du ein Eis."***
- ***„Wenn du nicht mitmachst, gehst du ohne Essen ins Bett."***
- ***„Wenn du ein gutes Leben führen willst, musst du viel und hart arbeiten."***
- ***„Du willst doch ein Stück von dem Kuchen, also streng dich an."***
- ***„Willst du anerkannt werden, musst du mit dem Strom schwimmen."***
- ***„Wer nicht protzt, ist nichts wert."***
- ***„Nimm dir keine Zeit für dich, sondern funktioniere einfach."***
- ***„Zeige nicht dein wahres Ich, sonst wirst du ausgesiebt."***

In manchen anderen Ländern müssen die Menschen allerdings noch fürchten, für ihre Meinung umgebracht, gefoltert oder eingesperrt zu werden – demgegenüber haben wir es doch hier inzwischen ziemlich gut.

Alles toxisch, oder was?

Jeder setzt hin und wieder mal kleine Manipulationen ein, wenn er seinen Willen durchsetzen will. Bleibt dies bei seltenen Fällen und richtet beim Gegenüber keinen

Schaden an, kann man darüber hinwegsehen. Jeder sollte aber darauf achten, dass er möglichst nicht zu derartigen Mitteln greift, da es leicht passieren kann, dass sich solche Verhaltensweisen einschleichen.

Es ist so einfach, damit seinen Willen zu bekommen. Aber schön fühlt sich das nicht an, auch für einen selbst im Inneren nicht (vorausgesetzt, man hat ein Gewissen). Und man bedenke immer den Satz: „Was du nicht willst, das man dir tut, das füg' auch keinem anderen zu." In manchen Situationen kann es aber sein, dass man die beschriebenen Mittel einsetzen muss, um sich selbst oder andere zu schützen. Wenn Sie zum Beispiel mit einem toxischen Menschen in einer Beziehung leben und unter seinem Verhalten leiden, ist es Ihr gutes Recht, zu sagen: „Wenn du nicht mit diesem Verhalten aufhörst, trenne ich mich von dir."

Das ist zwar auch eine Drohung, aber hier heiligt der Zweck die Mittel, und da Sie sich ggf. wirklich trennen sollten, ist es auch nur eine Information über Tatsachen. Ähnlich, als würden Sie Ihr Kind warnen „Wenn du ohne zu gucken über die Straße gehst, kann es sein, dass du von einem Auto überfahren wirst" oder wenn Klimaforscher uns ins Gewissen reden „Wenn wir den CO2-Ausstoß nicht sofort drastisch reduzieren, ist die Erderwärmung nicht mehr aufzuhalten."

Natürlich wird in solchen Fällen auch eine Verhaltensänderung angestrebt, aber diese ist auch im Sinne der Angesprochenen selbst und dient einem guten Zweck. Manipulation hingegen dient nur Macht und Profit, sei es des einzelnen toxischen Menschen selbst oder der Strukturen der Wirtschaftsgesellschaft, in denen er mitläuft.

Das Vorgehen toxischer Menschen

Toxische Menschen setzen die genannten Methoden nicht alle gleichermaßen ein, sondern haben ihre persönlichen Präferenzen, schauen, was wirkt, und verhalten sich je nach Situation und Absicht unterschiedlich.

In einer Beziehung oder Freundschaft ist es in aller Regel so, dass sie sich am Anfang einschmeicheln und sich das Vertrauen und die Liebe erschleichen. Sie machen Komplimente, hören verständnisvoll zu, sind hilfsbereit, machen Geschenke, betonen Gemeinsamkeiten und stellen sich selbst positiv dar, ggf. auch mithilfe von Lügen. Langsam beginnt es dann, dass sie weniger auf den anderen eingehen und selbst mehr erbitten und fordern.

Macht der andere nicht mit oder äußert Kritik, kommen vielleicht direkt Drohungen, Erpressungen, Beleidigungen, Vorwürfe etc. zum Einsatz, vielleicht aber auch erst Versprechungen oder die „Mitleidstour“. Meist wechselt sich alles ab, um den anderen zu zermürben und zu verunsichern, manchmal gezielt und manchmal unbewusst aufgrund einer psychischen Störung. Tendenziell steigt aber der Anteil der negativen Einwirkungen im Lauf der Beziehung bzw. Freundschaft erheblich an.

Eltern, die es „eigentlich nur gut meinen“, setzen meist sowohl Drohungen, Erpressungen und Vorwürfe als auch Versprechungen ein. Am Arbeitsplatz, in der Schule und in anderen gesellschaftlichen Situationen kann es auch sein, dass sich toxische Menschen zunächst das Vertrauen erschleichen, oft aber mobben sie auch gleich von Anfang an. Über die „einfachen“ Formen der dunklen Psychologie hinaus gibt es komplexe Manipulationsstrategien und -vorgänge, auf die ich in den nächsten Abschnitten eingehe.

GASLIGHTING

Der Begriff Gaslighting beschreibt nicht, was bei dieser Art der Manipulation geschieht, sondern führt auf einen Film namens „Gaslight“ zurück, in dem die betreffende Strategie angewendet wurde. Es ging dort um **eine toxische Beziehung**, in der der Hauptcharakter seine Frau psychisch zerstörte. **Nicht jede toxische Beziehung beinhaltet Gaslighting, aber Gaslighting ist Teil vieler toxischer Beziehungen**. Hierbei handelt es sich aber nicht nur um **Paarbeziehungen, sondern auch familiäre, freundschaftliche, geschäftliche und berufliche Beziehung können sowohl toxisch als auch von Gaslighting durchzogen sein.**

Die einzige Voraussetzung ist eine enge Verbindung zwischen dem „Gaslighter“ und dem „Gaslightee“ (also seinem Opfer). Zum Beispiel kann es im Elternhaus, in der Schule, am Arbeitsplatz oder auch in politischen Systemen vorkommen. Ein Gaslighter ist auch nicht dasselbe wie ein toxischer Mensch, denn er ist nur in der betreffenden Konstellation ein Gaslighter, während ein toxischer Mensch immer ein toxischer Mensch ist. Jemanden, der einen zum Beispiel auf der Straße beleidigt und bedrängt, kann man also nicht als Gaslighter bezeichnen, wohl aber als toxischen Menschen.

Worin genau besteht nun aber Gaslighting? Es handelt sich um eine geschickte Manipulation, durch die der Gaslightee die Realität anzweifelt und die Sicht der Dinge übernimmt, die der Gaslighter ihm einredet. Das Ziel des Gaslighters kann sein, den Gaslightee gefügig zu machen, aber auch, ihn einfach zu unterdrücken und ihm zu schaden.

Betroffene verlieren den Kontakt zu sich selbst und entwickeln mitunter schwere psychische Störungen, auf jeden Fall wird aber ihr Selbstbewusstsein so tief ruiniert, dass sie das Gefühl haben, keinerlei Wert zu besitzen. Zudem glauben sie, verrückt zu werden, weil sie - anscheinend - eine vollkommen falsche Sicht der Realität haben, was normalerweise nur auf Menschen mit psychischen Erkrankungen wie Persönlichkeitsstörungen oder Paranoia zutrifft.

Ein **Beispiel**, wie das funktionieren kann: Gaslighter und Gaslightee, hier ein Paar, sind zusammen auf einer Party. Der Gaslighter sieht, wie der Gaslightee mit jemand anderem spricht. Anstatt sachlich zu klären, ob es einen Grund zur Eifersucht gibt oder nicht, geht er sofort zum Angriff über und lässt keine Erklärungen des Gaslightees zu. Für ihn ist Realität, dass der Gaslightee ihn betrügen wollte oder schon betrogen hat. Der Gaslightee ist ein untreuer, undankbarer Mensch, der ihn gar nicht wirklich liebt. So und nicht anders wird der Gaslighter es darstellen, bis der Gaslightee die Argumentation aufgibt.

Von einem Vorfall entsteht noch kein tiefgreifender psychischer Effekt beim Gaslightee, aber der Grundstein ist gelegt. Ab jetzt herrscht Misstrauen seitens des Gaslighters und er wird keine Situation auslassen, um erneute „Hinweise“ auf die Untreue und mangelnde Liebe des Gaslightees zu finden und diesem vorzuhalten. Um Zweifeln an seiner Sicht der Dinge den Boden zu nehmen, fängt er zudem an, den Gaslightee auch in anderen Bereichen des Lebens zu verunsichern. Plötzlich ist nichts mehr so, wie der Gaslightee es sieht. Zum Beispiel kümmert er sich angeblich nicht um die Beziehung und ist unterkühlt, während der Gaslighter doch so liebevoll und fürsorglich ist, der Gaslightee gibt das ganze Geld aus und tut nichts dafür, während der Gaslighter die ganze Zeit arbeiten muss und sich nichts gönnt, immer muss der Gaslighter den ganzen Haushalt machen, während der Gaslightee nur auf der faulen Haut liegt, und so weiter.

Insbesondere das Fehlverhalten des Gaslighters ist natürlich nur eine Einbildung des Gaslightees. Gegebenenfalls ist schwarz weiß und weiß schwarz, und obwohl beide jedes Jahr zusammen nach Spanien fahren und niemals in Schweden waren, waren sie niemals in Spanien, dafür aber schon oft in Schweden. Manche Gaslighter verunsichern ihre Opfer zusätzlich dadurch, dass sie Dinge verschwinden lassen oder an einen anderen Platz legen. Durch die Beständigkeit und die stetige Wiederholung der verunsichernden Taten und Worte beginnt der Gaslightee langsam, an seiner eigenen Sicht der Dinge zu zweifeln. Letztendlich zerbricht er innerlich und wird zum willenlosen Spielball des Gaslighters.

Weitere Beispiele wären ein Arbeitgeber, der seinem Angestellten einredet, dass dieser schlechte Leistungen bringt, und dafür ggf. auch fertiggestellte Arbeiten verschwinden lässt oder behauptet, sie wären nie fertiggestellt worden; ein Schüler, dem von seinem Lehrer eingeredet wird, dass er sich mündlich nicht beteiligt, nie die Hausaufgaben macht, den Unterricht stört und es sowieso nie zu etwas bringen wird; Eltern, die ihr Kind sexuell missbrauchen und ihm weismachen, das sei seine eigene Schuld; eine Religion, die Frauen als Eigentum des Mannes betrachtet; eine Sekte, die ihre Anhänger glauben macht, dass nur ihre Weltsicht die richtige sei; ein Staat, der eine Minderheit als minderwertig sieht und ihr keine Rechte zugesteht.

Bei alldem kommt es darauf an, ob das, was der Gaslighter versucht, auch vom Gaslightee angenommen wird. Nicht jeder lässt sich manipulieren. In größeren Gruppen wird es immer Menschen geben, die nicht die falsche Sicht der Realität übernehmen und die, wenn sie mutig sind, auch gegen die Unterdrückung vorgehen. Aber auch, wenn es „nur" einen Teil der Menschen betrifft und bei ihnen kurz- oder langfristige Schäden verursacht, ändert das nichts an den Gräueltaten.

In persönlichen Konstellationen kommt es zum einen auf das Selbstbewusstsein des Betroffenen an, zum anderen aber auch auf die Zuneigung oder das Ausgeliefertsein gegenüber dem Gaslighter. Erschreckend ist, dass sogar Menschen, die zuvor erfolgreich und selbstbewusst waren, durch Gaslighting so „umgedreht" werden, dass sie jeglichen Glauben an sich verlieren. **Charakteristisch für Gaslighting sind folgende Merkmale:**

- **Abwertung** der Gedanken, Meinungen und Gefühle des Gaslightees
- **Leugnung** der Argumente, Wahrnehmungen und Erinnerungen des Gaslightees

- **Isolation** des Gaslightees, indem ihm suggeriert wird, dass er mit seinen „seltsamen Ansichten“ oder seiner „Verrücktheit“ von niemandem verstanden und gemocht wird
- **Einschränkung** und **Kontrolle** des Kontakts des Gaslightees zu anderen Personen
- **Ablenkung von eigenem Fehlverhalten** durch Thematisierung des angeblichen Fehlverhaltens des Gaslightees
- **Anschuldigungen und Streitprovokation**, um vermeintlich negatives Verhalten des Gaslightees herauszustellen
- **Lügen und Verschweigen** von Informationen.

Am besten gerät man gar nicht erst in die Situation, von einem Gaslighter kontrolliert zu werden. Insbesondere in Partnerschaften ist es aber für die Betroffenen oft schwer, die Bedrohung zu erkennen. Es ist daher ratsam, nicht die rosarote Brille aufzusetzen, sondern einen Menschen erst einmal aus der Distanz und mit einem gesunden Misstrauen zu beschnuppern und die eigenen Freunde um eine ehrliche Einschätzung zu bitten, denn diese sehen oft klarer als man selbst. Befinden Sie sich bereits in einer Beziehung oder einem anderen Verhältnis mit einem Gaslighter, sollten Sie sich ebenfalls Hilfe bei einer Vertrauensperson oder ggf. auch bei einem Psychotherapeuten suchen.

Darüber hinaus sollten Sie die Realität mit Fotos, Notizen und mithilfe von Zeugen dokumentieren, damit der Gaslighter es nicht schaffen kann, Ihnen etwas einzureden, das nicht stimmt. Zudem sollten Sie eine ähnliche Beharrlichkeit entwickeln wie der Gaslighter - behauptet er etwas, das nicht stimmt, wiederholen Sie einfach die Wahrheit und lassen Sie seine verquere Sicht nicht an sich heran. Rechtfertigen Sie sich jedoch nicht, sondern gehen Sie gar nicht auf seine Sicht ein. Konzentrieren Sie sich einzig und allein auf Ihre Sicht, auf die Realität, und erheben Sie nicht den Anspruch, dass der Gaslighter Ihnen glaubt. Glauben Sie aber sich selbst, denn das ist jetzt das Entscheidende.

EMOTIONALE ERPRESSUNG

Bei der emotionalen Erpressung ist der Name Programm - Menschen werden mit ihren Gefühlen erpresst. Sie kann dementsprechend nur da funktionieren, wo starke Gefühle im Spiel sind. Der Erpresste hat Angst, die manipulative Person zu verlieren, da er sie sehr liebt oder sich von ihr abhängig fühlt. In den meisten Fällen handelt es sich um Partnerschaften, aber auch in Familien und Freundschaften kann emotionale Erpressung vorkommen. Das Hauptelement ist die Drohung des toxischen Menschen, die andere Person zu verlassen oder im Stich zu lassen, wenn diese sich nicht so verhält, wie er es will:

- ***„Wenn du nicht tust, was ich sage, bin ich morgen weg."***
- ***„Gib Ruhe, sonst kannst du deine Sachen packen."***
- ***„Ich halte dein Verhalten nicht mehr aus. Ich denke, ich mache Schluss."***
- ***„Wenn du nicht lernst, dich zu benehmen, schicken wir dich aufs Internat."***
- ***„Wenn du so von mir denkst, dann können wir uns ja auch gleich trennen."***
- ***„Du willst mir nicht helfen? Okay, dann kannst du in Zukunft auch sehen, wie du allein klarkommst."***
- ***„Wie gehst du mit mir um? Ich lasse mir das nicht mehr länger gefallen. Such dir einen anderen Dummen."***

Neben den ausgesprochenen Drohungen spielt das Verhalten eine wichtige Rolle. Der toxische Mensch setzt seinen Partner, sein Kind etc. unter Druck, indem er sich bei dessen vermeintlichem Fehlverhalten von ihm abwendet, nicht mehr mit ihm spricht, beleidigt ist, sich nicht mehr meldet oder einfach weggeht. Der Manipulierte bekommt dadurch Angst, dass er den geliebten Menschen wirklich verlieren könnte, und läuft ihm (ggf. im wahrsten Sinne des Wortes) hinterher.

Ein leider alltägliches Beispiel ist folgende Szene: Eine Mutter und ihr kleines Kind sind zusammen auf dem Spielplatz, doch nun wird es spät und die Mutter findet, dass sie nach Hause gehen sollten. Das Kind möchte das nicht, denn es ist so schön, auf dem Spielplatz zu spielen. Also sagt die Mutter: „Dann bleib du hier und ich gehe nach Hause." Weil das Kind immer noch nicht losgehen will, steigert sich das Ganze - die Mutter geht wirklich los, und während die Entfernung immer größer wird, ruft sie ein paarmal gut vernehmlich „Tschüss". War das Kind erst noch standhaft und selbstbewusst, breitet sich nun große Angst in ihm aus. Es braucht seine Mutter und findet allein auch nicht nach Hause, und außerdem liebt es seine Mutter natürlich. Spätestens, wenn die Mutter außer Sichtweite ist, fängt das Kind panisch an zu schreien und rennt seiner Mutter hinterher. Von solchen „Erziehungsmethoden" ist dringend abzuraten, sie können sogar tiefsitzende Verlustängste bei den Kindern auslösen, die sich bis ins Erwachsenenalter halten.

Nach dem gleichen Prinzip funktioniert es auch in Partnerschaften, engen Freundschaften oder bei älteren Kindern bzw. Jugendlichen. Unter dem Damoklesschwert der Trennung bzw. des Verlassenwerdens tut der Betroffene alles, was der emotionale Erpresser von ihm erwartet, und akzeptiert dessen toxisches Verhalten über die Grenzen seiner psychischen und körperlichen Belastbarkeit hinaus.

Ein weiteres Druckmittel ist das Wohlergehen des toxischen Menschen, teilweise auch seine Gesundheit oder sein Leben. Da der Manipulierte die Person liebt (bzw. in dem Zwang steht, sie zu lieben), kann er die Schuldgefühle nicht ertragen und fügt sich wiederum den Wünschen des toxischen Menschen. Einige **Beispiele**:

- ***„Wenn du deine Lehre nicht schaffst, überleben wir das nicht."***
- ***„Wenn du mich verlässt, bringe ich mich um."***
- ***„Mein Arzt hat gesagt, ich brauche Ruhe. Du musst dich jetzt um den Haushalt kümmern."***
- ***„Wenn du nicht auf dein Handy schaust, weißt du ja nicht mal, ob mir etwas passiert ist."***
- ***„Deine Widerworte sind einfach unerträglich. Jetzt habe ich schon wieder Kopfschmerzen."***
- ***„Wie stehen wir denn jetzt vor den Nachbarn da? Alle werden uns bemitleiden, weil du deine Hochzeit abgesagt hast. Überleg es dir doch noch mal. Das kannst du uns doch nicht antun."***

Emotionale Erpressung kann in einzelnen Situationen stattfinden, um ein bestimmtes Verhalten zu bewirken. Es kann aber auch ein grundsätzlicher, wiederkehrender Teil der Beziehung sein, mithilfe dessen die manipulierte Person ständig unter dem Zwang des Erpressers steht, sich nach dessen Wünschen und Ansprüchen zu verhalten und bei ihm zu bleiben. In beiden Fällen können die Auswirkungen auf die Lebensführung des Betroffenen schwerwiegend sein.

Zum Beispiel ändert er bei Einzelsituationen möglicherweise seine privaten oder beruflichen Ziele oder er gibt sein eigenes Ich bei grundsätzlicher Manipulation komplett auf und dient nur noch dem emotionalen Erpresser. Aufgrund des Drucks, der Selbstaufgabe und des Gefühls der Wertlosigkeit können zudem Depressionen und andere psychische Störungen entstehen.

NEUROLINGUISTISCHES PROGRAMMIEREN (NLP)

NLP ist an sich keine dunkle Psychologie. Es handelt sich vielmehr um eine Methode, die von Psychologen entwickelt wurde, um Menschen von psychischen Störungen und inneren Blockaden zu befreien. Insofern ist NLP sogar gut und kann eingesetzt werden, um sich von manipulativen Einflüssen zu lösen. Die Basis ist die neurowissenschaftliche Erkenntnis, dass sich Hirnstrukturen besser vernetzen, wenn man Informationen wiederholt aufnimmt. Das kennen wir alle noch vom Vokabel- und Formellernen aus der Schule. NLP arbeitet im Wesentlichen mit sprachlichen Formulierungen und bildhaften Vorstellungen.

Man sagt sich zum Beispiel kurze Sätze (sog. Affirmationen), die das aussagen, was man erreichen oder sein will. Zum Beispiel „Ich bin stark“, „Ich fühle mich gut“ oder „Ich bin ein wertvoller Mensch“. Durch wiederholtes Denken oder Aufsagen der Sätze prägen sich diese immer tiefer ins Unterbewusstsein ein, sodass sie nach und nach die zuvor vorhandenen gegenteiligen Überzeugungen verdrängen und sich das Verhalten dementsprechend ändert. Leider sind machtgierige Menschen und Organisationen auf NLP aufmerksam geworden und haben erkannt, dass man diese eigentlich gute Methode ausnutzen kann. Es handelt sich eben nur um ein Mittel, wie auch Strom oder Wasser, sodass jeder, der es in die Hände bekommt, damit tun kann, was er will. So können Affirmationen zum Beispiel genutzt werden, um Menschen einzureden, dass sie selbst oder andere wertlos oder schlecht sind („Ausländer sind gefährlich“, „Frauen gehören an den Herd“, „Du bist dumm“) oder um sie davon zu überzeugen, dass etwas Schlechtes gut ist („Dieser Krieg ist für unser aller Wohlergehen notwendig“, „Dieser Burger ist gesund für die Seele“).

Wird eine Information bzw. Aussage oder ein Bild in den Medien oder von Machthabern ständig wiederholt, wird daraus irgendwann eine gefühlte Wahrheit, und genauso kann es im privaten Bereich gehen. Zudem hat die Wirtschaft NLP für sich entdeckt und kann auf diese Art trickreich Produkte verkaufen und Geschäfte abschließen, ohne dass das Gegenüber überhaupt merkt, dass es manipuliert wird. Eine weitere Gefahr besteht darin, dass NLP von Sekten genutzt wird, um Anhänger zu gewinnen.

Die größte Kritik an NLP wird allerdings nicht wegen dieser berechtigten Gründe geübt, sondern weil die Methode in Persönlichkeitscoachings eingesetzt wird, um Menschen glauben zu machen, dass sie erfolgreich und glücklich sein können.

Hier wird dann leider alles zu sehr über einen Kamm geschoren und verteufelt. Ja, es gibt zweifelhafte, unqualifizierte Persönlichkeitscoachings, die es nur auf den eigenen Profit abgesehen haben und diesen daraus gewinnen, dass sie Menschen das Blaue vom Himmel versprechen und ihnen die Methoden unzureichend erklären. So mancher, der in so einem Coaching „gelernt" hat, zu glauben, dass er das eigene Glück - das hier zumeist allein durch wirtschaftlichen oder privaten Erfolg definiert wird - einfach durch die eigenen Gedanken herbeirufen kann, ist danach in eine tiefe Krise und Depressionen verfallen.

Es ist allerdings nicht der Sinn des eigentlichen NLP, Menschen vorzugaukeln, dass sie ihr Glück magisch herbeiziehen können. Vielmehr soll die Methode bewirken, dass man sich von negativen Einflüssen löst, die einen daran hindern, das tatsächlich Mögliche zu tun. NLP zielt also nicht auf einen Realitätsverlust ab. Man soll lediglich lernen, an sich zu glauben und sich nicht selbst im Weg zu stehen. Auch geht es bei NLP nicht um Erfolg und äußerliches (vermeintliches) Glück, sondern darum, die eigenen Kräfte zu mobilisieren und innerlich positiv zu sein, auch wenn es außen nicht so gut läuft. Man soll sich nicht blockieren lassen und an das Gute glauben. Kritiker behaupten, dass genau das falsch sei. Man solle Menschen nicht einreden, dass sie ihr Leben selbst in der Hand haben und ihr Glück in sich selbst finden können. Mit anderen Worten: Man soll sich in sein „Schicksal" ergeben und entmutigt weitermachen wie bisher, um bloß nicht auf die Idee zu kommen, etwas an sich oder der Gesellschaft zum Guten zu verändern. Für viele Menschen ist der Glaube an die innere Stärke jedoch die letzte Hoffnung. Und wer innerlich nicht stark ist, kann weder persönliche Krisen überstehen noch positive

Veränderungen herbeiführen. Wer NLP in Gänze kritisiert, sollte sich also gut überlegen, was er da aussagt. Eine Methode zu verteufeln, die Menschen innerlich aufbauen und ihnen helfen kann, sich aus Zwängen zu befreien, erscheint ebenso dunkel, wie die Methode selbst für dunkle Zwecke einzusetzen. Wenn die Methode an sich dubios wäre, würde sie auch kaum von Psychotherapeuten eingesetzt werden, um zum Beispiel Menschen mit Angststörungen, Depressionen oder Burn out zu helfen.

Ich möchte den Kritikern des NLP zugutehalten, dass sie wahrscheinlich einfach Glück und Zufriedenheit falsch definieren. Wer denkt, dass er durch NLP so viel Geld haben kann, wie er will, oder dass ihm die Frauen oder Männer in Scharen hinterherlaufen, liegt natürlich falsch. Aber um diese Ziele geht es weder beim Glück noch beim NLP, wie es ursprünglich gemeint ist. Echtes Glück heißt, man selbst zu sein und mit Körper, Geist und Seele in innerer Balance zu leben. Die Fähigkeit dazu haben wir bzw. die meisten von uns leider durch diverse negative Einflüsse verlernt, aber sie liegt in uns. Das wissen nicht nur moderne Psychologen, sondern wussten auch schon Jahrtausende vor uns bekannte Philosophen wie Buddha, Aristoteles und Seneca.

NLP ist eine Methode, mit der man lernen kann, sich selbst treu zu sein und stark gegen äußere Einflüsse zu werden, aber, wie gesagt, wird sie oft missverstanden und für dunkle Zwecke genutzt. Vorsichtig sein sollten Sie also nicht generell in Bezug auf NLP, sondern im Hinblick darauf, in welchem Zusammenhang es angewendet wird und was jeweils ausgesagt wird.

Offenes NLP, also die Anwendung der Methode aus freien Stücken bei sich selbst, müssen Sie sowieso nicht betreiben, es sei denn, Sie wollen es, und dann können Sie darauf achten, dass Sie nur professionelle Hilfe eines Psychologen bzw. Psychotherapeuten in Anspruch nehmen. Falls Sie lieber mit einem Ratgeber in Buchform allein arbeiten möchten, müssen Sie unbedingt auf die Zielsetzung des Autors achten, denn es gibt auf diesem Gebiet viele Ratgeber, die seriös sind und wirklich helfen wollen, aber auch solche, bei denen es nur um Erfolg, Geld etc. geht und die Ihnen suggerieren, dass Sie sogar zufällige Geschehnisse durch Ihre Gedanken beeinflussen können. Von letzteren bitte Finger weg, und in jedem Fall achten Sie darauf, den Boden unter den Füßen nicht zu verlieren.

Schwieriger ist es bei verdecktem NLP, also der Form, die zum Beispiel in Verkaufsgesprächen, in den Medien oder in zwischenmenschlichen Konstellationen vorkommen kann. Es wird dann durch Worte, Körpersprache und Bilder bzw. Vorstellungen auf Ihr Unterbewusstsein eingewirkt, ohne dass Sie davon wissen und insofern auch, ohne dass Sie sich dagegen schützen können.

Der einzige Weg, einen gewissen Schutz zu haben, ist, in jedem Moment des Lebens achtsam zu sein. Beobachten Sie Ihr Verhalten, Ihre Gedanken und Gefühle, achten Sie genau auf Ihre Wahrnehmungen und hinterfragen Sie Aussagen und Eindrücke ständig. Werden Sie nicht paranoid, Sie treffen nicht an jeder Straßenecke auf NLP oder andere Manipulationsformen, aber Sie sollten immer darauf gefasst sein. Da NLP auf wiederholter Wahrnehmung basiert, werden Sie wahrscheinlich auch nicht von heute auf morgen beeinflusst, sodass Sie bei stetiger Achtsamkeit die Versuche rechtzeitig bemerken und dann bewusst gegensteuern können.

Meiden Sie dann am besten den Kontakt mit der betreffenden Person. Wenn das nicht geht, können Sie sich aber auch schützen. Decken Sie für sich immer wieder die Manipulationsversuche auf, stärken Sie Ihr Selbstbewusstsein (auch generell zur Vorbeugung) und setzen Sie selbst „gutes“ NLP bei sich ein, um sich „zurückzuprogrammieren“. Einige Methoden dafür lernen Sie im Bonuskapitel kennen.

WIE KANN ES SEIN, DASS WIR SO LEICHT ZU MANIPULIEREN SIND?

Obwohl wir erwachsene, mündige Menschen sind bzw. sein sollten, lassen wir uns einfach so von anderen als Marionetten herumführen? Das erscheint unglaublich und man kann sich gar nicht erklären, warum das möglich ist. Die Antwort liegt in uns selbst, was einerseits erschreckend ist, doch andererseits eine gute Nachricht bedeutet. Was in uns selbst liegt, können wir auch selbst ändern. Doch bevor es an die Strategien dafür geht, schauen wir zunächst einmal auf die Ursachen unserer Manipulierbarkeit.

Der erste, wichtige Grund ist, dass wir uns von unseren Gefühlen stark beeinflussen lassen. Wir denken immer, dass wir Entscheidungen mit dem Verstand treffen, aber bei den meisten Menschen hat dieser nicht viel zu sagen. Das hat nicht immer etwas mit dem Intellekt zu tun, sondern führt vielmehr auf die psychische Verfassung und das Gehirn an sich zurück. Wir alle werden durch unsere Erfahrungen geprägt, zu denen die eigenen positiven und negativen Erlebnisse ebenso wie Eindrücke aus der Umwelt und Reaktionen unserer Mitmenschen gehören.

Jetzt sagen Sie wahrscheinlich „Aber man muss sich doch nicht beeinflussen lassen", und damit haben Sie auch Recht. Das gilt allerdings nur, wenn man bewusst über die Dinge nachdenkt und den Verstand aktiv einsetzt.

Kleine Kinder können das noch nicht, und so werden deren Erfahrungen einfach als Gefühl direkt im Unterbewusstsein eingespeichert. Je nachdem, was das Kind erlebt und wie sich die Eltern verhalten, kann das gut oder schlecht sein. Viele Eltern sind aber, wie bereits in den ersten Kapiteln beschrieben, so von ihren Marionettenfäden gefangen, dass sie diese gleich an ihre Kinder weitergeben. So prägt sich tief im Innersten ein, wie man sich zu verhalten oder nicht zu verhalten hat, dass man auf Autoritäten hören muss und die eigenen Interessen und Wünsche mitunter nicht anerkannt werden. Es entsteht also kein rundum selbstbewusster Mensch, der seinen eigenen Weg geht und seinen Wert kennt, sondern jemand, der sich anpasst und unterordnet. Jedenfalls, wenn die Eltern das Kind nicht entsprechend stärken und sich frei entfalten lassen.

Aber auch später bewerten wir Situationen oft nicht mit dem Verstand, denn zuerst tritt immer das Gefühl ein, und da Gefühle nun einmal spürbar sind, beeinflussen sie die Gedanken. Bereits zuvor lösen sie eine Reaktion des Körpers aus. Ein Beispiel: Sie gehen nachts durch eine dunkle Straße und plötzlich kommt eine schwarz gekleidete Person um die Ecke. Sofort zucken Sie zusammen, werden angespannt, Ihr Körper ist flucht- oder kampfbereit.

Fast im selben Moment, aber etwas später, vernehmen Sie den Gedanken „Was, wenn der eine Waffe hat" oder auch „Oh nein, was soll ich denn jetzt bloß tun" oder Ähnliches. So ein Moment dauert nur kurz und klärt sich entweder zum Guten oder zum Schlechten auf, auch, ohne dass Sie weiter darüber nachdenken. In anderen Fällen, wie zum Beispiel, wenn Sie als Kind Probleme in der Schule hatten oder als Erwachsener in einer Beziehungskrise stecken, verspüren Sie ebenfalls Angst, aber Sie haben die Möglichkeit, durch Nachdenken die Situation zu beeinflussen.

Tatsächlich gelingt es manchen Menschen, wirklich vernünftig nachzudenken und sich dabei nicht von ihren Gefühlen beeinflussen zu lassen. Viele aber sitzen in der Emotions-Falle und können nicht klar denken. Das liegt im Wesentlichen daran, dass sie sich gar nicht bewusst sind, was sie fühlen bzw. dass sie fühlen. Sie haben nicht gelernt, mit Emotionen umzugehen, denn auch ihre Eltern, Großeltern und weiteren Vorfahren konnten es nicht. Es ist nicht so, dass es in der Genetik der Menschen liegen würde, Gefühle nicht kontrollieren zu können.

Möglich ist es schon, aber man muss sich bewusst mit sich selbst auseinandersetzen, und das wurde vielen einfach nicht vermittelt. Dazu kommt noch, dass uns von außen ebenfalls seit unserer Kindheit ständig eingeredet wurde, was angeblich vernünftig und richtig ist, und dass die meisten gar nicht darüber nachdenken bzw. aufgegeben haben, darüber nachzudenken, was wirklich vernünftig und richtig ist. Wenn wir es taten, kam meist eine Autoritätsperson und hat es uns verboten, woraufhin wir uns schlecht gefühlt haben. Hier verknüpfen sich die Elemente wieder.

Zusammengefasst haben wir also Gefühle, die unseren Verstand behindern, Obrigkeitshörigkeit und ein mangelndes Selbstbewusstsein. Diese Kombination macht Manipulation möglich. Unsere Gefühle, insbesondere Ängste und Sehnsüchte als die stärksten Emotionen, machen uns angreifbar und werden durch Techniken der Manipulation angesprochen. Jedoch lassen wir uns nicht von jedem manipulieren, sondern nur von Menschen, die in irgendeiner Weise über uns erhaben wirken. Das kann zum Beispiel durch eine höhere Position in der Berufswelt sein, durch mehr Geld, höhere Intelligenz, mehr Anerkennung oder Einfluss, Rückhalt in der Gesellschaft bzw. der „Norm“ oder auch durch dominantes, aggressives Auftreten. Es kann aber auch sein, dass wir uns durch unsere eigenen Gefühle eine Autorität erschaffen, wenn wir jemanden lieben und Angst haben, dass er uns verlässt.

Das **dritte Element** ist der allem zugrunde liegende Hauptgrund – das **mangelnde Selbstbewusstsein** ermöglicht erst, dass wir obrigkeitshörig sind und uns von Ängsten und Sehnsüchten dirigieren lassen. Das alles ist nichts Neues, sondern ein Problem, das Philosophen schon seit Jahrtausenden beschäftigt. Schon vor über 2000 Jahren erkannten Aristoteles, Seneca und Co., dass Ängste und Begierden die Menschen unglücklich machen, in Fesseln halten und davon abhalten, ihrer eigenen Seele getreu zu leben. Im 18. Jahrhundert war es dann Immanuel Kant, der beschrieb, dass die Menschen in einer „selbst verschuldeten Unmündigkeit“ leben. Ihm zufolge begeben sich die Menschen in gesellschaftliche Zwänge und gehorchen anderen, weil sie Angst vor der Verantwortung für ihr eigenes Leben haben. Als freier Mensch müsste man alle Entscheidungen selbst treffen, und das trauen sich die meisten nicht zu bzw. ist es ihnen auch zu anstrengend.

„Habe Mut, dich deines eigenen Verstandes zu bedienen“, rief Kant damals, als noch Könige und Kaiser das Volk unterdrückten, die Menschen auf und setzte dadurch mit einigen anderen Philosophen eine bedeutende Entwicklung in Gang. Dass Nachdenken hilft, sehen wir daran, dass wir heute in einer Demokratie mit Grundrechten für alle Menschen leben.

Wenn man bedenkt, was zuvor alles geschehen ist, ist das ein großer Fortschritt. Aber in der Wirtschaft und im persönlichen Leben benutzen viele immer noch nicht ihren Verstand, sondern unterwerfen sich anderen aus Angst, nicht dazuzugehören, nicht anerkannt zu werden und nicht die Sehnsüchte erfüllt zu bekommen, die sie wiederum aus der Gesellschaft auferlegt bekommen haben, bzw. sich auferlegen haben lassen.

Dass es Personen gibt, die „am längeren Hebel sitzen“ und versuchen, ihre Macht auszuspielen, wird man wohl leider nicht ändern können. Das war immer so, und einige Menschen sind wirklich so, dass sie es tatsächlich von innen heraus wollen. Darüber zu grübeln, bringt leider auch nichts. Aber indem man den eigenen Verstand einsetzt, sich nicht von Gefühlen steuern lässt und sich seines Selbst bewusstwird, kann man sich den manipulativen Einflüssen so weit wie möglich entziehen. Dem Verhalten eines Mitmenschen ist man als erwachsene Person nicht tatsächlich ausgeliefert, sondern man kann jederzeit gehen, auch wenn die Umstände vielleicht nicht einfach sind. Es sind nur die eigenen Gefühle, die einen halten, aber genau diese soll man durch seinen Verstand überwinden. Gleiches gilt am Arbeitsplatz - wenn Sie zum Beispiel Mobbing erdulden, haben Sie Angst, Ihren Job aufzugeben, weil Sie befürchten, keine neue Anstellung zu finden und dann finanzielle Probleme zu bekommen.

Setzen Sie Ihren Verstand ein, werden Sie aber erkennen, dass Sie sich mit diesem Arbeitsplatz nichts Gutes tun und dass es noch andere, bessere Möglichkeiten für Sie gibt. Gesellschaftlichen Normen, sofern diese nicht gesetzlich vorgegeben sind, muss man sich nicht anpassen, sondern man tut es nur, weil man Angst hat, von den anderen ausgegrenzt zu werden. Dafür gibt man lieber sich selbst auf. Wieder beginnt die Veränderung im Kopf - wenn Sie einsehen, dass Anerkennung (insbesondere von Mitläufern) nicht wichtig ist, und Sie darüber nachdenken, was Sie selbst wirklich wollen, können Sie ein sehr viel freieres Leben führen.

Bonus: Stark gegen dunkle Psychologie - Tipps und Strategien für den Alltag

Psychologische Manipulation ist überall und kann Menschen nicht nur zu Verhalten treiben, das sie selbst nicht möchten, sondern sie auch innerlich zerstören. Ob das mit Ihnen geschieht, haben Sie aber zum großen Teil selbst in der Hand. In den vorangegangenen Kapiteln haben Sie bereits viele Tipps bekommen, wie Sie sich in den verschiedenen Situationen, in denen Sie mit dunkler Psychologie in Kontakt kommen könnten, verhalten sollten. Jetzt möchte ich Ihnen noch allgemeine Methoden aufzeigen, mit denen Sie sich schützen und wehren können, um sich Ihr selbstbestimmtes Leben zurückzuerobern und zu erhalten.

SEIEN SIE SICH DES RISIKOS BEWUSST.

Es ist leider so - niemand ist wirklich sicher vor dunkler Psychologie. Man weiß nie, wem man begegnet, und unsere Wirtschaftsgesellschaft ist ohnehin voll davon. Je stärker Sie innerlich sind, desto geringer ist das Risiko, dass Sie manipuliert werden. Trotzdem ist es niemals ausgeschlossen. Möglicherweise haben Sie Schwachpunkte, die Sie selbst nicht kennen, geraten in eine unsichere Situation oder hängen Ihr Herz an jemanden, der es nicht verdient hat. Man weiß nie, was passiert. Wiegen Sie sich also niemals in Sicherheit, sondern bleiben Sie immer wachsam, ganz gleich, wie selbstbewusst Sie sind.

Bestimmte Personengruppen, oder vielmehr Personen in bestimmten Situationen, sind jedoch anfälliger für psychologische Manipulation. Hierzu gehören Sie, wenn Sie sich aus welchem Grund auch immer in einem negativen oder labilen psychischen Zustand befinden, zum Beispiel, wenn Sie gerade Ihren Job verloren haben, es in Ihrer Beziehung kriselt, Sie unter Stress stehen, finanzielle Probleme haben, traumatische Erlebnisse hatten, in einem unsicheren Umfeld aufgewachsen sind, betrogen wurden, einen geliebten Menschen verloren haben, mit sich unzufrieden sind, an einer psychischen Störung leiden oder körperlich schwer krank sind. Gleichermaßen trifft Menschen, die sehr sensibel und/oder hilfsbereit sind, ein erhöhtes Risiko. Indem Sie sich Ihrer Verletzlichkeit bewusst sind, erhöhen Sie Ihre Wachsamkeit und können so frühzeitig bemerken, dass Sie manipuliert werden bzw. dass jemand versucht, Sie zu manipulieren.

ACHTEN SIE AUF DIE ANZEICHEN.

Beobachten Sie Ihre Mitmenschen und sich selbst bewusst und genau, um mögliche Anzeichen einer Manipulation zu erkennen und den Einfluss zu unterbinden. Im Folgenden sehen Sie eine Liste von Merkmalen, die aufgrund der Vielschichtigkeit der dunklen Psychologie allerdings keinen Anspruch auf Vollständigkeit erhebt. Trifft einer der Punkte zu, ist es bereits möglich, dass jemand Sie manipuliert bzw. zu manipulieren versucht.

- Eine fremde Person zeigt **ungewöhnliches Interesse an Ihrem Befinden**. Zum Beispiel spricht sie Sie auf der Straße an und fragt, warum Sie so unglücklich aussehen und ob sie helfen kann. (Es mag so gute Samariter geben, aber es ist leider deutlich wahrscheinlicher, dass es jemand ist, der ein Opfer sucht.)

- Jemand **meldet sich nur** bei Ihnen, **wenn er etwas von Ihnen braucht oder will.**

- Jemand macht vermeintlich witzige, anzügliche oder **spöttische Bemerkungen über Sie oder Ihr Verhalten.**

- Jemand **drängt Sie zu etwas, das Sie nicht wollen**.

- Eine Person **kritisiert** Sie **ständig**.

- **Jemand verträgt keinerlei Kritik**.

- Eine Person macht immer wieder **leere Versprechungen**.

- **Jemand schiebt Ihnen die Schuld für sein Fehlverhalten**, seine schlechte Laune oder seine Probleme **zu.**

- Jemand benutzt häufig Formulierungen mit „wenn ... dann“ oder „sonst“.

- Eine Person wirft Ihnen vor, egoistisch und dominant zu sein, obwohl das nicht auf Sie zutrifft.

- **Jemand sagt Ihnen, welche Kleidung Sie zu tragen haben, was Sie essen sollten etc.**
- Ein Mensch ist **überaus hilfsbereit**, wirft Ihnen aber andererseits vor, dass er so viel für Sie tut.
- Jemand macht Ihnen **sehr viele Komplimente.***
- Etwas an der **Körpersprache oder Stimme** einer Person **passt nicht zu ihren Aussagen.**
- Jemand macht Ihnen **viele und/oder teure Geschenke außer der Reihe.***
- Jemand **erwartet übermäßige Dankbarkeit für Kleinigkeiten**.
- **Eine Person wirft Ihnen immer wieder vor, dass Sie sich nicht genug um sie kümmern, nicht zärtlich genug sind o. Ä.**
- **Ein Mensch beansprucht ein Verhalten von Ihnen, das er selbst nicht zeigt**, obwohl er es könnte.
- Jemand **dreht** Ihnen die **Worte im Mund herum**.
- Eine Person **kritisiert Sie mit den Worten, mit denen Sie sie zuvor kritisiert haben.**
- Jemand hat unwahrscheinlich **viele Gemeinsamkeiten mit Ihnen.***
- Jemand **versucht**, Ihnen **einzureden, dass Sie unglücklich sind oder Probleme haben.**
- Eine Person **beleidigt** oder **bedroht** Sie.
- Jemand untersagt Ihnen den Kontakt zu anderen Menschen oder reagiert **eifersüchtig, beleidigt oder wütend**, wenn Sie sich mit jemandem treffen, telefonieren oder texten. Selbst beansprucht er aber, so viele Kontakte zu haben, wie er will.
- Ein Mensch wiederholt **vorwurfsvolle, herabsetzende oder zweideutige Aussagen oder Fragen** immer wieder mit denselben oder nur geringfügig veränderten Formulierungen.
- Jemand spricht hinter Ihrem Rücken über Sie und **wird wütend, wenn Sie über ihn sprechen.**

- Eine Person zeigt widersprüchliches Verhalten, zum Beispiel bezeichnet sie Sie einmal als den tollsten Menschen auf Erden und dann behandelt sie Sie wie Dreck.
- Ein **Mensch duldet keinen Widerspruch** und lässt nur seine eigene Meinung gelten.
- Jemand **zweifelt Ihre Sicht der Realität an**.
- Jemand **erwartet Lob, selbst wenn er etwas falsch gemacht hat.**
- Eine Person verwendet Suggestivfragen oder andere der im vorigen Kapitel aufgelisteten Mittel.
- Jemand besitzt eine **dominante Körpersprache**.
- **Jemand ist immer gerade mit denen befreundet, bei denen er die meiste Bestätigung bekommt.**
- Jemand **spricht** (fast) **nur über sich selbst**.
- Jemand horcht Sie über Ihre Sorgen, Sehnsüchte und Geheimnisse aus.
- Ein Mensch wird **schnell aggressiv oder verächtlich**, wenn ihm etwas nicht passt.
- **Sie fühlen sich in der Nähe einer Person unwohl**, angespannt, gereizt, energielos oder auf sonstige Art negativ belastet.
- Sie denken viel über eine Person nach und fühlen sich dabei meistens nicht gut.
- Sie haben das Gefühl, in bestimmten Situationen oder generell nicht so sein zu können, wie Sie wirklich sind.
- Sie haben den Eindruck, für andere nur gut genug zu sein, wenn Sie ihnen nach dem Mund reden oder ihnen helfen.
- Sie haben Angst, in einer bestimmten Situation oder generell Ihre Meinung zu sagen.
- Sie fühlen sich **dauernd gestresst**.
- Sie sind in Bezug auf eine Tätigkeit oder grundsätzlich **antriebslos und schlecht gelaunt.**

- Sie **grübeln viel.**
- Sie können sich an nichts mehr richtig freuen.
- Sie stellen Ihre eigenen Wünsche und Bedürfnisse für jemand anderen zurück.
- **Sie zweifeln an sich selbst.**
- Sie haben das Gefühl, gefangen zu sein und sich nicht befreien zu können.
- Sie fühlen sich in bestimmten Situationen oder grundsätzlich wertlos.
- Sie **tun Dinge, die Sie eigentlich nicht tun wollen und die Sie vielleicht nicht einmal vor sich selbst rechtfertigen können.**
- Sie nehmen sich **keine Auszeiten**.
- Sie besitzen viele **Statussymbole**.
- Sie **achten sehr darauf, nach außen ein gutes Bild abzugeben**.
- Sie kaufen regelmäßig neue Sachen, obwohl die alten noch gut sind bzw. Sie genug haben, vielleicht sogar über Ihre finanziellen Verhältnisse hinaus.
- **Sie achten mehr darauf, wie viel Geld man in einem Job verdient, als auf die Art der Tätigkeit und die Umstände.**
- **Sie erdulden mehr, als Sie ertragen können.**
- Sie sagen oder denken öfter „Es geht so nicht weiter“, aber Sie ändern nichts.
- Sie **denken viel darüber nach, was andere von Ihnen denken**.
- Sie sind mit dem Verhalten einer Person unzufrieden, aber sagen es ihr nicht.
- Sie **geben sich die Schuld für das schlechte Verhalten eines Menschen Ihnen gegenüber.**
- Sie **versuchen, einer Person oder allen Menschen alles recht zu machen.**
- Sie **bemerken an sich Verhaltensweisen, die Sie bei anderen nicht gut finden**. Zum Beispiel lästern Sie über jemanden, beurteilen Menschen nach deren Aussehen oder benehmen sich egoistisch und ignorant.
- Sie glauben alles, was andere sagen, sei es in den Medien oder privat.

- Sie haben schon mehrfach Ihre Meinung und Ihr Aussehen gewechselt, ohne sich Gedanken darüber zu machen, ob Sie das wirklich wollen.
- Sie gehen (fast) immer mit der Mode.
- **Sie setzen Tipps von anderen um, ohne noch mal selbst nachzudenken**, ob das wirklich gut ist bzw. ob Sie das wirklich wollen.
- Sie sagen oder denken öfter „Das ist doch nicht normal", „Alle machen das so", „Man muss doch …", „Man kann doch nicht …" oder Ähnliches.
- Ihre (echten!) Freunde raten Ihnen von etwas ab oder warnen Sie vor einer bestimmten Person, aber Sie hören nicht auf sie.
- Sie haben ein undefinierbares, ungutes Gefühl bei einer Person, einer Tätigkeit oder in einer Situation.
- Sie haben das unbestimmte Gefühl, sich selbst oder Ihr Leben nicht unter Kontrolle zu haben.

** Diese Verhaltensweisen müssen nicht unbedingt auf einen Manipulationsversuch hindeuten, können es aber. Urteilen Sie nicht vorschnell negativ, aber seien Sie wachsam und achten Sie auf weitere mögliche Hinweise.*

DENKEN SIE, BEVOR SIE HANDELN.

Um Kant noch einmal zu zitieren: „Habe Mut, dich deines eigenen Verstandes zu bedienen." Nehmen Sie niemals etwas einfach so hin oder glauben es, ohne selbstständig darüber nachzudenken. Frei ist nur, wer sich sein eigenes Urteil bildet und seine eigenen Entscheidungen trifft. Seien Sie immer darauf vorbereitet, dass jemand Sie manipulieren will, es sei denn, Sie kennen diesen Menschen wirklich gut und lange und wissen, dass Sie ihm einhundertprozentig vertrauen können. Gesundes Misstrauen hat noch niemandem geschadet, vorschnelles Vertrauen hingegen schon.

Hinterfragen Sie Aussagen kritisch, sowohl im Privatbereich als auch in den Medien. Stellen Sie Rückfragen bzw. informieren Sie sich aus verschiedenen seriösen Quellen. Übernehmen Sie niemals einfach die Meinung, die Ihnen gesagt wird. Denken Sie ausführlich über alles nach und betrachten Sie es von verschiedenen

Seiten unter Einbeziehung aller Argumente und Informationen. Wenn etwas unklar bleibt, gestehen Sie sich ein, dass Sie (noch) kein Urteil oder keine Entscheidung finden können. Willigen Sie in nichts ein, bevor Sie nicht mit sich selbst im Reinen darüber sind. Lehnen Sie Dinge ab, von denen Sie nicht überzeugt sind. Betrachten Sie jedes fremde Argument prüfend aus der Gegenperspektive. Machen Sie nichts mit, was Ihnen nach sorgfältigem Nachdenken nicht richtig erscheint oder Ihrer eigenen Meinung bzw. Ihren eigenen Wünschen widerspricht, es sei denn, es ist aus rechtlichen Gründen geboten.

HALTEN SIE KONTAKT ZU VERTRAUENSPERSONEN.

Gemeinsam ist man stärker. Deshalb versuchen toxische Menschen, Sie von anderen Personen zu isolieren. Lassen Sie das nicht mit sich machen. Es ist Ihr gutes Recht, Kontakt zu Ihren Lieblingsmenschen zu haben und sich mit diesen auszutauschen. Sie bekommen hierdurch Rückhalt und können mithilfe der zweiten (oder dritten, vierten) Meinung die Situation besser einschätzen. Gegebenenfalls haben Sie auch einen Zufluchtsort vor privater dunkler Psychologie.

Achten Sie aber unbedingt darauf, dass es sich bei Ihren Vertrauenspersonen um wirklich gute, echte Freunde bzw. um zu Ihnen loyale Familienmitglieder handelt. Wenn Sie keine solche Person haben oder wenn Sie bereits psychisch oder körperlich leiden, suchen Sie sich professionelle Hilfe bei einem Psychologen oder Psychotherapeuten. Es ist kein Grund, sich zu schämen, wenn man psychisch manipuliert wird, vielmehr sollten sich die Manipulatoren schämen. Behalten Sie Ihre Probleme also nicht für sich, sondern gehen Sie offen damit um.

SETZEN SIE GRENZEN.

Jeder hat sein Limit, was er ertragen kann, und dieses sollten Sie kennen, um es möglichst nicht zu erreichen. Manche Dinge muss man zumindest im Moment akzeptieren, weil man sie nicht ändern kann; in anderen Fällen ist die Lage änderbar, aber man traut sich nicht. Es mag aber sein, dass Sie nicht die Situation an sich, zum Beispiel eine Beziehung oder einen Arbeitsplatz, verlassen wollen und für den Erhalt bereit sind, einiges in Kauf zu nehmen.

In jedem Fall müssen Sie sich selbst darüber klar sein, bis zu welchem Limit Sie gehen können und wann es zu viel wird. Sie dürfen niemals an den Punkt kommen, psychischen oder körperlichen Schaden zu nehmen. Die Grenze kann aber auch deutlich darunter liegen, zum Beispiel bei einem bestimmten Verhalten, das Sie nicht gutheißen können bzw. wollen.

Ganz gleich, wo Ihre Grenze liegt, definieren Sie sie für sich und halten Sie sich daran. Wenn die Grenze überschritten wird, können Sie sich entscheiden, ob Sie Ihr Gegenüber ermahnen oder direkt die Reißleine ziehen wollen. In einer Beziehung oder einem anderen privaten Verhältnis sollten Sie vorab mit der betreffenden Person sprechen und sie über das Vorgehen aufklären. Zudem sollten Sie mit ihr offen über die Situation reden und sie ruhig und freundlich dazu auffordern, an ihrem Verhalten zu arbeiten, ggf. auch mithilfe einer Therapie.

FINDEN SIE ZU SICH SELBST.

Manipulation lebt unter anderem davon, das „Opfer" zu vereinnahmen. Dies geschieht durch dauerhaften Druck, der im Privatbereich oft auch durch ständige Anwesenheit, Kontrollanrufe etc. ausgeübt wird. Bei grundsätzlicher Manipulation durch die Gesellschaft gibt es zwar nicht diese direkte Anwesenheit einer Person, aber sobald Sie hinausgehen, den Fernseher anschalten o. Ä., befinden Sie sich unter dem allgemeinen Druck und verlieren sich selbst.

Und da Sie nicht mehr so recht wissen, wer Sie eigentlich sind bzw. was Sie wollen, sind Sie wiederum leichter manipulierbar. Durchbrechen Sie diesen Kreis, ganz gleich, in welcher Situation Sie sich befinden, indem Sie sich mit sich selbst beschäftigen. Nehmen Sie sich Zeit für sich, gönnen Sie sich eine Auszeit, gehen Sie in sich. Meditieren Sie oder gehen Sie in die Natur, machen Sie Sport oder üben Sie ein persönliches Hobby aus. Schalten Sie ab von der Welt und anderen Menschen, und das auch im wörtlichen Sinne – schalten Sie Ihr Smartphone, Ihren Computer, Ihren Fernseher und sonstige Mediengeräte aus.

Entziehen Sie sich diesen Einflüssen so oft wie möglich. Sie müssen nicht immer erreichbar sein. Nur zu sich selbst brauchen Sie immer einen „guten Draht". Kommen Sie zur Ruhe und befreien Sie sich von den Zwängen, die Sie sich aus Ihrer Umwelt auferlegt haben.

Kontaktieren Sie Ihr Inneres und befragen Sie es, was es sich wünscht, was es wirklich im Leben will, auf welche Art es glücklich werden kann und wie es möglich ist, dahin zu kommen. Ihr Inneres kennt die Antworten für Ihr Leben, Sie müssen nur lernen, ihm zuzuhören. Durch diese Ruhephasen mit sich selbst werden Sie zudem gelassener und achtsamer für sich selbst, sodass Sie besser in der Lage sind, in Situationen der (versuchten) Manipulation richtig zu reagieren. Schauen Sie sich zudem achtsam in Ihrem Leben um, von der Frisur bis zum Job. Sind Sie immer Sie selbst? Wenn nicht, ändern Sie es, sofern es Ihnen möglich ist.

ÄNDERN SIE IHRE FALSCHEN ÜBERZEUGUNGEN.

Sie haben im Lauf Ihres Lebens allerhand manipulative Einflüsse gespeichert, durch die Sie aus dem Unterbewusstsein heraus gesteuert werden und die immer wieder neue Manipulationen möglich machen. Die Fäden, an denen Sie herumgezogen werden, sitzen also in Ihnen selbst, in Ihren Denkstrukturen. Um sich daraus zu befreien, müssen Sie jetzt ausnahmsweise auch mal jemanden manipulieren - aber keinen anderen, sondern sich selbst.

Zunächst einmal gilt es, die manipulativen Überzeugungen aufzudecken. Dafür müssen Sie sich Ihre Gedanken, Gefühle und Verhaltensweisen bewusst machen. Überwachen Sie sich von jetzt an ständig und führen Sie Buch über Ihre inneren und äußeren Vorgänge. (Falls Sie mit dem Manipulator zusammenleben, passen Sie auf, dass er Ihre Notizen nicht findet.)

Schreiben Sie auf, in welcher Situation Sie welche Gedanken und Gefühle hatten und wie Sie sich verhalten haben. Möglicherweise haben Sie auch Gedanken und Gefühle, wenn Sie gerade einfach nur dasitzen und gar nichts passiert. Auch diese schreiben Sie auf. Beobachten Sie sich so zunächst für mindestens eine Woche. Dann lesen Sie sich alles durch. Sicher werden Sie Gedanken bemerken, die Sie immer wieder haben. Außerdem wird Ihnen auffallen, welche Gefühle mit welchen Gedanken zusammenhängen, in welchen Situationen welche Gedanken und Gefühle in Ihnen entstehen und wie Sie sich dadurch verhalten.

Kurzum: Sie werden wiederkehrende Muster entdecken. Darunter gibt es vielleicht solche, bei denen Sie sich wirklich gut fühlen und die sich positiv auf Ihr Leben auswirken. Es gibt aber auch solche, die vermeintliche Vorteile haben, aber bei denen Sie sich unwohl fühlen. Und es gibt solche, bei denen Sie sich schlecht fühlen und die nicht gut für Sie sind. Bei letzteren beiden Fällen handelt es sich sehr wahrscheinlich um Prozesse, die Sie durch manipulative Einflüsse verinnerlicht haben. Es gilt nun, die zugrunde liegenden Überzeugungen zu identifizieren, um sie zu ändern.

Schauen Sie sich Ihre Gedanken in den betreffenden Fällen an und schreiben Sie sie auf einen neuen Zettel. Erkennen Sie dieselben oder sehr ähnliche Gedanken (zum Beispiel „Ich muss alles richtig machen", „Ich muss perfekt sein", „Ich darf mir keine Fehler erlauben"), dann markieren Sie diese in jeweils derselben Farbe oder mit einer Zahl. Anschließend schauen Sie sich die so entstandenen Gruppen an und denken Sie darüber nach, wie man die jeweilige Hauptaussage knapp formulieren kann bzw. welcher der Gedanken am aussagekräftigsten ist.

Schreiben Sie diese sogenannten blockierenden Glaubenssätze wieder auf einen Zettel, und zwar in Form einer „Hitliste". Das heißt, der häufigste Gedanke kommt nach oben und der seltenste nach unten. Neben jedem Satz lassen Sie genug Platz für eine weitere Aussage, denn nun sollen Sie sich jeweils einen neuen Glaubenssatz überlegen, der genau das Gegenteil aussagt. Um „Ich muss anderen gefallen" loszuwerden, formulieren Sie zum Beispiel „Ich bin ich selbst und das ist gut so." Die Sätze müssen prägnant, positiv (ohne Verneinungen) und in der Gegenwart geschrieben sein.

Wenn Sie mit allen Sätzen fertig sind, streichen Sie die alten, blockierenden Aussagen in x-Form mit einem dicken roten Stift durch. Diese Gedanken gehören der Vergangenheit an. Dann umkreisen Sie Ihre neuen Glaubenssätze jeweils mit einem freundlichen Grünton. So hört sich Ihre Zukunft an. Jetzt müssen Sie Ihre neuen Überzeugungen nur noch verinnerlichen. Lesen Sie sich die Liste täglich morgens und abends durch, immer erst einmal paarweise (negativ => positiv) und dann mehrfach nur die neuen, guten Sätze. Zusätzlich nehmen Sie sich für jede Woche einen Ihrer neuen Glaubenssätze vor, den Sie sich über den Tag verteilt immer wieder aufsagen. Sagen oder denken Sie ihn jeweils fünfmal nacheinander und konzentrieren Sie sich ganz intensiv darauf und auf nichts anderes.

Nehmen Sie die Überzeugung bewusst in sich auf und spüren Sie, wie sie in Ihr Inneres gelangt. Wenn möglich, schließen Sie die Augen und lassen Sie den jeweiligen Satz in Leuchtschrift vor Ihrem geistigen Auge erscheinen. Durch das konzentrierte Wiederholen wird die neue Überzeugung immer selbstverständlicher für Sie, prägt sich in Ihre Denkstrukturen ein und verdrängt das alte, gegenteilige

Muster. Sie merken schon, wir sind hier mitten im NLP, und Sie sehen jetzt auch, dass diese Methode, wenn sie richtig und für gute Zwecke angewendet wird, etwas sehr Hilfreiches ist. Erwarten Sie aber keine Wunder.

Bei einigen wirkt die Übung schneller, bei anderen langsamer. Bei manchen wirkt sie auch gar nicht, aber das liegt dann meist daran, dass sie nicht wirklich daran geglaubt haben. Jede Veränderung Ihrer Gedanken und Ihres Verhaltens kommt aus Ihnen selbst, und wenn Sie es nicht wirklich wollen oder sich selbst durch Ihre Zweifel immer wieder gegenteilig beeinflussen, kann keine längerfristige Wirkung eintreten. Zudem müssen Sie immer bedenken, dass jederzeit wieder neue Einflüsse auf Sie einwirken und dass Sie Ihre alten Denkmuster mitunter schon seit Ihrer Kindheit mit sich herumtragen. Es ist klar, dass diese Strukturen nicht mal schnell durch ein paar Tage Üben weggehen. Es ist eine Herausforderung, sich den Weg in ein selbstbestimmtes Leben zu erarbeiten, aber wenn Sie es wollen, ist es möglich.

Natürlich reicht es nicht, einfach nur zu denken, wenn es um Verhaltensweisen geht. Die Gedanken sind zwar der erste Schritt, aber gleichzeitig sollten Sie auch schon versuchen, Ihre Verhaltensweisen entsprechend Ihren neuen Überzeugungen zu verändern. Außerdem müssen Sie sich immer weiter achtsam beobachten. Sobald Sie bemerken, dass Sie in ein altes, schädliches Muster verfallen, sagen Sie sich „Stopp!" und denken sich intensiv Ihre neue, gegenteilige Überzeugung. Begegnen Sie neuen Einflüssen, sagen Sie ebenfalls „Stopp" und nehmen Sie sich Zeit, diese zu bewerten und ggf. sofort eine eigene Überzeugung entgegenzusetzen.

KONTROLLIEREN SIE IHRE GEFÜHLE.

Wie schon erläutert, öffnen Ihre Gefühle den Manipulationsversuchen Tür und Tor. Ohne Gefühle wären Sie nicht anzugreifen, anzulocken oder zu verängstigen und insofern auch nicht zu manipulieren. Sie sollen kein emotionsloser Eisblock werden. Aber Sie müssen lernen, sich nicht von Ihren Gefühlen kontrollieren zu lassen, sondern diese unter Ihrer Kontrolle zu behalten. Das geht, denn nicht die Situationen oder das Verhalten anderer Menschen an sich lösen Ihre Gefühle aus.

Vielmehr sind Gefühle ein Produkt des Gehirns. Das sieht man zum Beispiel daran, dass manche Menschen Angst vor Mäusen haben, während andere sie sich als niedliche Haustiere halten. In gewissem Maße sind insbesondere einige Ängste wie etwa das Nichterhalten von Liebe zwar in unseren Genen verankert, aber durch bewussten Umgang und gedankliche Kontrolle können Sie auch diese Gefühle im Griff behalten.

Indem Sie Ihre Entscheidungen nicht von Ihren Gefühlen beeinflussen lassen, sind Sie in der Lage, herabsetzendes Verhalten, emotionale Erpressung, Werbekampagnen und auch andere Formen der Manipulation an sich abprallen bzw. ins Leere laufen zu lassen. Manipulation funktioniert schließlich nur, wenn man sich manipulieren lässt. Ansonsten können Sie Ihrem Gegenüber einfach gelassen ins Gesicht schauen, mit den Schultern zucken und sagen: „Na und? Ich mache mein eigenes Ding."

Wie geht das aber nun, so „cool" zu werden? Zunächst müssen Sie achtsam in Bezug auf Ihre Gefühlswelt sein. Immer, wenn Sie ein Gefühl in sich aufkommen spüren, sagen Sie innerlich „Stopp!" und Sie atmen tief durch, um sich von einer vorschnellen Reaktion abzuhalten. Dann gehen Sie auf Distanz zu dem Gefühl, indem Sie sich rational mit ihm auseinandersetzen. **Fragen Sie sich:**

- **Was genau ist das für ein Gefühl?**
- **Warum fühle ich es gerade?**
- **Tut es mir gut, dieses Gefühl zu haben, oder verspüre ich dadurch irgendeine Form von Druck?**
- **Welche Gedanken habe ich gerade im Zusammenhang mit diesem Gefühl?**
- **Welches Verhalten würde dieses Gefühl normalerweise bei mir auslösen?**
- **Möchte ich mich so verhalten?**

Ihr Verstand und Ihre Seele werden Ihnen im Fall manipulativen Verhaltens sagen, dass das Gefühl nicht gut für Sie ist und dass Sie sich nicht entsprechend verhalten möchten. Hören Sie darauf. Aus dem Verstand sagen Sie dann wieder „Stopp" zu dem Gefühl. Dann sagen Sie sich im Inneren oder je nach Situation auch laut zu Ihrem Gegenüber: „Ich lasse mich davon nicht beeinflussen." Sprechen bzw. denken Sie den Satz ruhig und bestimmt und wiederholen Sie ihn bei Bedarf. Zusätzlich ist es hilfreich, wenn Sie sich vorstellen, wie Sie von innen heraus strahlen und einen hellen Schein um sich verbreiten - Licht hilft bekanntlich gegen Dunkelheit. Eine weitere Möglichkeit ist, dass Sie sich vorstellen, von einer Schutzhülle umgeben zu sein, durch die die manipulativen Einflüsse einfach nicht durchkommen.

Lustige Ideen helfen auch - zum Beispiel stellen Sie sich vor, wie die Worte Ihres Gegenübers an einer unsichtbaren Wand abprallen und mit Wucht in sein Gesicht geschleudert werden. Überhaupt sollten Sie an etwas Positives, Entspannendes denken, um sich von den negativen Gefühlen abzulenken und sich sicherer und gelassener zu fühlen. Nehmen Sie außerdem eine selbstbewusste, entspannte Körperhaltung und Mimik an, dann fühlen Sie sich gleich stärker und vermitteln (potenziellen) Angreifern, dass Sie kein leichtes Opfer sind.

STÄRKEN SIE IHR SELBSTBEWUSSTSEIN.

Damit Sie gewappnet gegen dunkle Psychologie sind, benötigen Sie innere Stärke bzw. Selbstbewusstsein. Im Folgenden lernen Sie einige Strategien kennen, wie Sie selbstbewusster werden können.

Trennen Sie sich von Ihrem Perfektionismus.

Er ermöglicht anderen, Sie mit Vorwürfen zu manipulieren. Perfektion gibt es ohnehin nicht, denn jeder Mensch hat unterschiedliche Ansprüche. Man soll auch nicht versuchen, perfekt zu sein, da man dadurch sich selbst aufgibt und sich erheblichen Stress verursacht. Das Einzige, was man perfekt sein kann, ist man selbst, und das sind Sie immer, wenn Sie sich nicht verbiegen lassen.

Erkennen Sie Ihre Stärken und Schwächen an.

Jeder Mensch hat Stärken und Schwächen. Als Gesamtpaket ist man die Person, die man ist. Ohne seine Schwächen wäre man nicht derselbe Mensch und hätte insofern auch nicht seine Stärken. Machen Sie sich Ihre Stärken bewusst: Was können Sie gut? Was machen Sie gern? Was zeichnet Sie aus? Was haben Sie im Leben schon erreicht? Auch kleine Erfolge zählen. Befragen Sie auch Ihre echten Freunde und ggf. Familienangehörige, die Sie so lieben und akzeptieren, wie Sie sind.

Schreiben Sie alles auf. Sie sehen: Sie sind jemand mit vielen guten Eigenschaften. Bewahren Sie sich diese und leben Sie sie aus. Sie werden sich stärker und stärker fühlen.

Nun zu den Schwächen, aber nicht zu kritisch sein. Und betrachten Sie sich nur mit Ihren eigenen Augen. Schalten Sie aus, was andere Ihnen einreden wollen. Sicher haben Sie ein paar Schwächen. Jeder hat das. Aber Schwächen können auch ungenutzte Stärken sein. Überlegen Sie, in welcher Situation eine vermeintliche Schwäche von Ihnen sich positiv auswirken würde. Manche Schwächen sind auch so banal, dass man sie getrost vergessen kann. Hierzu gehören auf jeden Fall Äußerlichkeiten, die Ihnen nicht so gut gefallen. So oder so, das alles zusammen, Ihre starken und weniger starken Seiten, das sind Sie - ein wertvoller Mensch. Akzeptieren Sie alles an sich und lieben Sie sich, immer und überall, denn Sie haben es verdient.

Sprechen Sie sich Mut zu.

Sie haben in der Übung bezüglich der falschen Überzeugungen sicher schon einige negative Denkmuster aufgedeckt, die Ihnen das Selbstbewusstsein nehmen, und vielleicht haben Sie auch schon einige davon erfolgreich „verlernt".

Überlegen Sie jetzt noch einmal gezielt, in welcher Hinsicht und in welchen Situationen Sie an sich zweifeln. Formulieren Sie dann positive Sätze, die Ihr Selbstbewusstsein stärken. Den Schritt, Ihre Gedanken und Gefühle aufzuschreiben, können Sie sich diesmal aber sparen. Schreiben Sie nur Ihre neuen, selbstbewussten Überzeugungen auf und lernen Sie diese, wie oben beschrieben, durch wiederholtes Aufsagen.

Stehen Sie zu sich selbst.

Sie sind ein Individuum mit einer eigenen Seele und einer eigenen Persönlichkeit. Keiner kann und darf Ihnen sagen, wie Sie zu sein haben. Sie müssen niemandem gefallen außer Ihrer eigenen Seele. Seien Sie sich selbst treu und machen Sie sich nichts aus dem, was andere von Ihnen denken. Wenn jemand Sie herablassend behandelt oder kritisiert, Sie neidisch auf jemanden sind oder darüber nachdenken, was andere von Ihnen halten, sagen Sie sich sofort: „Na und? Ich bin ich, und nicht die anderen. Ich bin gut, wie ich bin. Ich will niemanden kopieren und niemandem gefallen."

Statt sich mit anderen zu vergleichen, seien Sie dankbar für sich selbst und alles, was Sie bereits haben. Wenn Sie es humorvoll mögen und eine kleine Herausforderung nicht scheuen, wagen Sie es doch auch einfach mal, mit Absicht den anderen zu missfallen (natürlich nur im harmlosen Bereich). Gehen Sie zum Beispiel mit Ihrer löchrigen Lieblingsjeans oder einer Jogginghose zum Familientreffen. Besuchen Sie allein ein Restaurant oder Kino.

Drehen Sie Ihre Lieblingsmusik laut auf (natürlich nicht in den Ruhezeiten). Setzen Sie sich mitten im Stadtpark auf den Rasen und meditieren Sie. Tanzen Sie in der Fußgängerzone. Sagen Sie offen Ihre Meinung. Ihnen fällt schon etwas ein, womit Sie kritische, aber vielleicht auch einige anerkennende Blicke auf sich ziehen können. Ruhen Sie in sich und genießen Sie die Gesichtsausdrücke der Menschen. Endlich mal jemand, der sich traut, nicht mit dem Strom zu schwimmen. Vielleicht macht es einigen Mut, sich auch von ihren Marionettenfäden zu befreien. Tanzen ist gut, aber nur so, wie man selbst es will.

Fazit

Sie haben dieses Buch gelesen, waren erschüttert, haben gestaunt, haben gelernt. Bestimmt haben Sie Dinge wiedererkannt, die Sie schon selbst erlebt oder von denen Sie gehört haben. All diese Erkenntnisse müssen Sie nun erst einmal verarbeiten. Vielleicht haben Sie schon die eine oder andere Übung ausprobiert. Vielleicht konnten Sie mithilfe dieses Buches auch schon Dinge in Ihrem Leben, in Ihrem sozialen Umfeld oder am Arbeitsplatz zum Positiven verändern. Erfolg fängt im Kleinen an. Ein glückliches, selbstbestimmtes Leben für alle von uns auch.

Ganz gleich, ob im Privatbereich, bei der Arbeit, im Alltag oder durch das Geschehen um uns herum in der „großen weiten Welt", wir dürfen nicht zu Marionetten der Interessen toxischer, narzisstischer, machthungriger oder geldgieriger Menschen werden. Auch wenn es so scheint, dass wir nicht in jedem Bereich des Lebens etwas ändern können, dass wir gegenüber manchen Vorgängen im Moment machtlos sind, müssen wir beständig lernen, damit umzugehen und an diesen Herausforderungen zu wachsen. Wir müssen uns angewöhnen, selbstbewusster, stabiler, gelassener und selbstbestimmter zu werden.

Arbeiten Sie nun täglich daran, setzen Sie die Tipps und Übungen ein und geben Sie niemals auf. Geben Sie Ihr Wissen auch an Ihr soziales Umfeld weiter. Wenn jeder von uns daran teilhat, die dunkle Psychologie überall, wo sie auf uns einwirkt, zu entlarven und sich ihr selbstbewusst entgegenzustellen, wird eines Tages für uns alle alles besser werden. Wir werden die dunkle Energie um uns herum vertreiben und in einer für uns alle positiven, glücklichen, selbstbestimmten Atmosphäre in einer harmonischen, friedlichen Welt leben können. Was für ein schöner Traum! Dieser Traum muss kein Traum bleiben, wenn jeder an seinem Platz, an seinem Ort des Lebens dafür eintritt, dass das Gute siegt, im Kleinen und im Großen. Wir können es. Die Kraft dafür liegt in uns selbst.

Wir danken Ihnen für Ihr Interesse und Ihr Vertrauen. Als Dankeschön dafür, haben wir eine besondere Überraschung. Wir haben ein **exklusives Workbook für Sie, um die schwarze Psychologie für sich zu nutzen**. Und dieses erhalten Sie vollkommen kostenlos. Das klingt wunderbar? Dann warten Sie nicht lange und holen Sie sich Ihr Gratis-Geschenk.

Hier geht es zu Ihrem Gratis-Geschenk:

https://forms.gle/CPBGf721vfeCRZyh6

1. **Öffnen Sie die Kamera-App auf Ihrem Smartphone und richten Sie die Kamera auf den QR-Code.**
2. **Klicken Sie auf den Link, der Ihnen angezeigt wird und schon werden Sie zur Website weitergeleitet.**

Impressum

Herausgeber: Pegoa Global Media GmbH / Am Sandtorkai 27 / 20457 Hamburg
Kontakt: kontakt@pegoamedia.de
Coverbild: Shutterstock

Haftungsausschluss:
Die Nutzung dieses Buches und die Umsetzung der enthaltenen Informationen, Anleitungen und Strategien erfolgt auf eigenes Risiko. Der Autor kann für etwaige Schäden jeglicher Art aus keinem Rechtsgrund eine Haftung übernehmen. Haftungsansprüche gegen den Autor für Schäden materieller oder ideeller Art, die durch die Nutzung oder Nichtnutzung der Informationen bzw. durch die Nutzung fehlerhafter und/oder unvollständiger Informationen verursacht wurden, sind grundsätzlich ausgeschlossen. Rechts- und Schadenersatzansprüche sind daher ausgeschlossen. Dieses Werk wurde sorgfältig erarbeitet und niedergeschrieben. Der Autor übernimmt jedoch keinerlei Gewähr für die Aktualität, Vollständigkeit und Qualität der Informationen. Druckfehler und Falschinformationen können nicht vollständig ausgeschlossen werden. Es kann keine juristische Verantwortung sowie Haftung in irgendeiner Form für fehlerhafte Angaben vom Autor übernommen werden. Die bereitgestellten Analysen, Vorschläge, Ideen, Meinungen, Kommentare und Texte sind ausschließlich zur Information bestimmt und können ein individuelles Beratungsgespräch nicht ersetzen. Alle Informationen dieses Buches entsprechen dem Kenntnisstand zum Zeitpunkt des Verfassens dieses Buches. Eine Haftung für mittelbare und unmittelbare Folgen aus den Informationen dieses Buches ist somit ausgeschlossen.
Informieren Sie sich weitläufig aus unterschiedlichen Quellen und bedenken Sie, dass am Ende nur Sie für die Entscheidungen verantwortlich sind.

Urheberrecht:

Haftung für externe Links:
Unser Angebot enthält Links zu externen Websites Dritter, auf deren Inhalte wir keinen Einfluss haben. Deshalb können wir für diese fremden Inhalte auch keine Gewähr übernehmen. Für die Inhalte der verlinkten Seiten ist stets der jeweilige Anbieter oder Betreiber der Seiten verantwortlich. Die verlinkten Seiten wurden zum Zeitpunkt der Verlinkung auf mögliche Rechtsverstöße überprüft. Rechtswidrige Inhalte waren zum Zeit-punkt der Verlinkung nicht erkennbar.